ACCESO GRATIS *a la Lectura en la Nube*

AF237880

Para visualizar el libro electrónico en la nube de lectura envíe junto a su nombre y apellidos una fotografía del código de barras situado en la contraportada del libro y otra del ticket de compra a la dirección:

ebooktirant@tirant.com

En un máximo de 72 horas laborales le enviaremos el código de acceso con sus instrucciones.

©   TIRANT LO BLANCH
    EDITA: TIRANT LO BLANCH
    C/ Artes Gráficas, 14 - 46010 - VALENCIA
    TELFS.: 96/361 00 48 - 50
    Fax: 96/369 41 51
    Email: tlb@tirant.com
    www.tirant.com
    Librería Virtual: www.tirant.es
    DEPOSITO LEGAL: V-2941-2024
    ISBN: 978-84-1071-729-9
    MAQUETA E IMPRIME: Tink Factoría de Color , S.L.

Si tiene alguna queja o sugerencia, envíenos un mail a: atencioncliente@tirant.com.
En caso de no ser atendida su sugerencia, por favor, lea nuestro procedimiento de quejas en:
www.tirant.net/index.php/empresa/politicas-de-empresa

Responsabilidad Social Corporativa
http://www.tirant.net/Docs/RSCTirant.pdf

Manual de Pràctiques de Psicoendocrinologia

Esperanza González-Bono
Vanesa Hidalgo Calvo
Irene Cano-López
Ferran Suay i Lerma
Alicia Salvador Fernández-Montejo

ALUMNE:

_____

PROFESSOR:

_____

GRUP: _____

CURS ACADÈMIC: _____

ÍNDICE

INTRODUCCIÓ

Aquest manual de pràctiques s'ha dissenyat per a proporcionar recursos docents de caràcter aplicat per al desenvolupament de l'assignatura Psicoendocrinologia, de caràcter obligatori, en el quart curs del Grau de Psicologia de la Universitat de València. D'acord amb el Pla d'Estudis vigent en l'actualitat, aquesta docència s'imparteix al llarg d'un quadrimestre, amb una dedicació de 4,5 crèdits ECTS de caràcter teoricopràctic. Considerant aquesta dedicació, és possible que no siga factible la realització de totes les pràctiques exposades en el present manual. Correspon a l'equip docent seleccionar aquelles que siguen més adequades per a posar en marxa en cada curs, atenent a criteris acadèmics.

D'acord amb la Guia Acadèmica de l'assignatura, "la *Psicoendocrinologia és una disciplina psicobiològica que estudia la relació bidireccional entre l'activitat del sistema neuroendocrí i la conducta, tant l'observable com la privada, a nivell cognitiu o afectiu. Aquesta relació es descriu en blocs temàtics que aglutinen aspectes metabòlics, evolutius, socials i experiencials de l'individu. Els coneixements i destreses a adquirir en aquesta assignatura són fonamentals al llarg de la formació científica i investigadora en Psicologia, especialment en l'àmbit de les Neurociències. A més, permet a l'estudiant conèixer el substrat neuroendocrí de la conducta humana en els diferents àmbits d'aplicació de la Psicologia a fi de millorar la salut integral de l'individu, tant en les seues relacions interpersonals (vinculacions afectives, dinàmica de grups) com en el seu desenvolupament personal (problemes del desenvolupament, conducta alimentària, conducta sexual, estat d'ànim, funció cognitiva o el maneig de l'estrès). Finalment, aquesta assignatura permet a l'estudiant adquirir competències necessàries per al treball en equips multidisciplinaris en l'àmbit de la salut i els recursos humans.*"

El marc Europeu d'Educació Superior accentua la necessitat d'adquirir competències relatives a coneixements, però també a "saber fer", és a dir, al fet que els i les estudiants siguen capaços d'aplicar de manera autònoma aquests coneixements a problemes concrets, transferibles al seu futur rol professional. Amb aquest plantejament, en el present manual es pretén proporcionar activitats de diferent duració que contribuïsquen a l'adquisició de competències plantejades en la Guia Acadèmica de l'assignatura i en la Memòria de Verificació de la Titulació.

En el cas de l'assignatura Psicoendocrinologia, les competències són les següents: a) ser capaç de descriure i mesurar variables (personalitat, intel·ligència i altres aptituds, actituds, etc.) i processos cognitius, emocionals, psicobiològics i conductuals; b) saber proporcionar retroalimentació als destinataris de manera adequada i precisa; c) ser capaç d'elaborar informes orals i escrits; d) conèixer i ajustar-se a les obligacions deontològiques de la Psicologia; e) conèixer els processos i etapes principals del desenvolupament al llarg del cicle vital en els seus aspectes de normalitat i anormalitat; f) conèixer els fonaments biològics de la conducta humana i de les funcions psicològiques relacionats amb els processos de pensament i de llenguatge; g) demostrar posseir i comprendre coneixements en una àrea d'estudi que parteix de la base de l'educació secundària general, i se sol trobar a un nivell que, si bé es recolza en llibres de text avançats, inclou també alguns aspectes que impliquen coneixements procedents de l'avantguarda del seu camp d'estudi; h) saber aplicar els seus coneixements al seu treball o vocació d'una forma professional i posseir les competències que solen demostrar-se per mitjà de l'elaboració i defensa d'arguments i la resolució de problemes dins de la seua àrea d'estudi;

i) tenir la capacitat de reunir i interpretar dades rellevants (normalment dins de la seua àrea d'estudi) per a emetre judicis que incloguen una reflexió sobre temes rellevants d'índole social, científica o ètica; j) poder transmetre informació, idees, problemes i solucions a un públic tant especialitzat com no especialitzat; k) desenvolupar aquelles habilitats d'aprenentatge necessàries per a emprendre estudis posteriors amb un alt grau d'autonomia; l) ser capaç de descriure i mesurar variables (personalitat, intel·ligència i altres aptituds, actituds, etc.) i processos cognitius, emocionals, psicobiològics i conductuals; m) ser capaç d'identificar diferències, problemes i necessitats; n) valorar les aportacions que proporciona la investigació científica al coneixement i la pràctica professional; ñ) promoure i incidir en la salut, qualitat de vida i benestar dels individus, grups, comunitats i organitzacions.

Com és d'esperar, gran part d'elles són comunes a altres assignatures de la Titulació del Grau de Psicologia. Aquesta coherència entre assignatures, lluny de ser redundant, és desitjable en la mesura en que les competències són aplicables a través de diferents continguts que componen les assignatures i es reforcen, afavorint que l'alumnat tinga una visió de conjunt i interrelacione els diferents processos psicobiològics que regulen la conducta.

Per a l'assignatura de Psicoendocrinologia, els continguts proposats en la Guia Acadèmica s'organitzen en 7 temes, de naturalesa teoricopràctica. Aquests temes, breument descrits, són els següents:

Tema 1. *Introducció a la Psicoendocrinologia*. En aquest tema es proporciona informació sobre els antecedents històrics de l'assignatura, així com de les principals tècniques que han contribuït al seu desenvolupament. En l'última part, s'aborda l'organització general del sistema endocrí i conceptes que permeten afrontar els següents temes, en els quals les hormones s'associen a les diferents conductes i processos cognitius i afectius.

Tema 2. *Hormones, homeòstasis i metabolisme*. En el present tema s'aborda el paper de les hormones en el manteniment de l'equilibri intern de l'organisme, posant l'accent principalment en el metabolisme. Per això, adquireix especial protagonisme l'estudi de l'eix hipotàlem-hipofiso-tiroidal, sense abandonar el paper d'altres hormones, com els esteroides en la regulació dels processos anabòlics i catabòlics o la insulina i el glucagó per al metabolisme de la glucosa.

Tema 3. *Hormones, desenvolupament i cicle vital*. En aquest tema es revisen els efectes organitzadors i activadors de les hormones en períodes crítics del desenvolupament, especialment sobre el desenvolupament sexual i la reproducció.

Tema 4. *Hormones i conducta social*. El tema aborda els aspectes neurals i neuroquímics de la conducta agressiva i la competició, fonamentalment amb estudis en éssers humans. També s'examinen les principals conclusions d'estudis més recents sobre conductes d'afiliació.

Tema 5. *Estrès i adaptació*. Es revisa la resposta d'estrès i la seua funció adaptativa, així com la rellevància de la variable temps perquè els processos d'estrès puguen ser potencialment perjudicials per a la salut.

Tema 6. *Hormones i estat d'ànim*. Aborda els correlats hormonals de les alteracions de l'estat d'ànim, així com els factors que els modulen.

Tema 7. *Hormones, memòria i aprenentatge*. Examina els mecanismes hormonals subjacents a processos de memòria i aprenentatge, tant en condicions de salut com de malaltia. També aborda les relacions entre els processos d'aprenentatge i processos abordats en temes anteriors, com l'estrès i l'emoció, en lloc d'entendre la cognició com una parcel·la artificialment independent.

Metodològicament, és especialment rellevant la participació activa de l'estudiant donat el caràcter teoricopràctic de l'assignatura. Per això, s'han dissenyat diferents activitats que contribueixen a conscienciar sobre la importància dels continguts de l'assignatura per a la pràctica del rol del/la psicòleg/a en tots els seus vessants i de les seues implicacions en la comprensió de la conducta humana i l'entorn social. La duració estimada de les activitats és diversa, amb algunes tales i puntuals i altres que es realitzarien al llarg d'hora i mitja, perquè puguen ser administrades, segons el parer dels i les docents, de manera intercalada amb els continguts teòrics. Cal recordar que l'assignatura s'imparteix en el mateix any que el Treball de Fi de Grau, per la qual cosa es fomentarà l'adquisició de competències que puguen transferir-se a aquesta assignatura i, en últim terme, a l'acompliment del rol professional.

Recentment, hem experimentat grans canvis a nivell social i psicopedagògic que han permès el desenvolupament de noves metodologies docents. Aquestes metodologies pretenen millorar la docència universitària, emfatitzant el protagonisme de els/as alumnes/as en la construcció del seu propi aprenentatge. A més, tradicionalment, ha existit una divisió entre teoria i pràctica en la docència universitària. Els actuals plans d'estudi permeten superar aquesta divisió, artificial en termes formatius, ja que els coneixements teòrics es requereixen per a adquirir competències pràctiques i, al seu torn, la pràctica pot afavorir l'adquisició de coneixements teòrics. No obstant això, perquè aquesta integració siga efectiva en la dinàmica de l'aula, es requereixen activitats que efectivament integren coneixements teòrics amb habilitats i destreses i que estimulen el treball autònom de l'estudiant contemplat en la Guia Acadèmica de l'assignatura.

Per això, s'ha potenciat la inclusió de metodologies actives d'aprenentatge en l'assignatura, que pretenen afavorir la integració entre la teoria i la pràctica, fent partícip als estudiants en el seu propi aprenentatge. Entre aquestes estratègies es troben la posada en pràctica del mètode del cas, que permet connectar la docència amb la realitat professional de la Psicologia, així com el desenvolupament d'estratègies de *ludificació* i la potenciació de l'alineament *docent,* que pretenen potenciar la motivació i l'interès dels estudiants en l'assignatura i generar vincles entre els coneixements teòrics i els pràctics. També es pretén facilitar la integració entre coneixements, competències i destreses, així com afavorir l'aplicabilitat dels continguts, independentment del seu caire teòric o pràctic, a fi de facilitar la connexió d'aquestes competències amb la realitat professional i social.

Les accions metodològiques es concreten en les línies d'actuació estratègica en la nostra Universitat que són: a) l'ús d'entorns virtuals d'aprenentatge; b) el foment de participació dels estudiants en la millora dels processos d'ensenyament-aprenentatge; c) la realització d'activitats que faciliten la connexió dels titulats i les titulades amb el mercat de treball, i d) la valoració i la transferència del coneixement i la investigació en matèria d'innovació educativa.

Les noves metodologies implementades inclouen el disseny d'una pràctica que relaciona diferents temes del programa per a afavorir la relació de competències i continguts des d'una perspectiva transversal. També s'inclou un cas clínic en el qual estan implicats els processos hormonals, que aborda competències pròpies de l'assignatura, com el diagnòstic diferencial, i concorde a l'acompliment del rol professional del psicòleg/a. Es pretén, a més, utilitzar l'alineament docent com estratègia per a fomentar l'interès de els/as alumnes/as i la coherència entre els tres elements bàsics del programa docent (objectius, tasques i sistema d'avaluació). Finalment, s'utilitzarà la *ludificació* com estratègia per a fomentar la motivació i la consolidació de coneixements, com l'HormOlimpíada. Amb això, es pretén reforçar positivament l'aprenentatge continu de els/as alumnes/as en un context de "joc", premiant la seua motivació i evitant la frustració dels estudiants en aquells casos en els quals no s'adquirisquen les competències d'algun dels temes de l'assignatura.

Per a la posada en marxa d'aquestes metodologies són imprescindibles els entorns virtuals que permeten agilitat en el lliurament i en l'avaluació de les tasques. Així, l'estudiant podrà obtenir retroalimentació immediata sobre els errors comesos i podrà resoldre'ls durant el desenvolupament de l'assignatura, des d'una perspectiva formativa de l'avaluació. La Universitat de València compte per a això amb l'Aula Virtual, que facilitarà l'intercanvi d'informació i recursos.

El desenvolupament d'algunes d'aquestes pràctiques i la seua presentació en aquest manual ha sigut possible gràcies al suport del Servei de Formació Permanent i Innovació Educativa de la Universitat de València amb la concessió, durant el curs 2017-2018, d'un Projecte d'Innovació Educativa per a la implantació i renovació de metodologies docents, titulat "Mejorando la docència universitària: introducción de metodologías activas de aprendizaje en la asignatura de Psicoendocrinología" (UV-SFPIE_RMD17-588778). L'actualització, traducció i adaptació ha sigut possible gràcies al finançament del Servei de Formació Permanent i Innovació Educativa de la Universitat de València amb la concessió, durant el curs 2024-2025, d'un altre Projecte d'Innovació Educativa per a la implantació i renovació de metodologies docents, titulat "La simulación clínica como metodología docente en Ciencias de la Salud: modelos humanos de alteraciones cognitivas y del estado de ánimo (SIMUSALUD) (código UV: 3327468).

Pràctica 1. Història de la Psicoendocrinologia

Ubicació en el temari. La present activitat està ideada per a desenvolupar-se en el Tema 1, en la part d'antecedents històrics de l'assignatura.

Objectiu. L'objectiu de la present pràctica és que el/la alumne/a identifique les principals etapes històriques de la Psicoendocrinologia per a contextualitzar els avanços i interessos actuals en aquesta disciplina.

Activitat. A partir de la lectura de l'article que se cita a continuació, respon a les preguntes plantejades.

Article: Salvador, A. i Serrano, M.A. (2002). Perspectiva histórica y tendencias de investigación de la Psicoendocrinología. *Revista de Psicología General y Aplicada, 55 (2)*, 285-311. L'article es troba disponible en el següent enllaç:

https://dialnet.unirioja.es/servlet/articulo?codigo=274701

1. Descriu l'objecte d'estudi de la Psicoendocrinologia.

2. Enumera les etapes històriques de la Psicoendocrinologia i descriu alguna de les característiques de cada etapa.

    a) _____
       _____
       _____

    b) _____
       _____
       _____

    c) _____
       _____
       _____

3. Descriu breument cinc de les característiques de la investigació en Psicoendocrinologia durant les dècades dels anys 80 i 90.

a) _____

_____

b) _____

_____

c) _____

_____

d) _____

_____

e) _____

_____

4. Quines serien les dues revistes especialitzades més importants d'aquesta disciplina en l'àmbit internacional?

a) _____

b) _____

5. Quines espècies són les més estudiades en cadascuna d'aquestes revistes?

a) _____

b) _____

6. I quines conductes són les més estudiades en cadascuna d'elles?

a) _____

b) _____

Pràctica 2. Dones en la ciència

Ubicació en el temari. La present activitat està ideada per a desenvolupar-se en el Tema 1, en la part d'antecedents històrics de l'assignatura.

Plantejament. En revisar la història de la Psicoendocrinologia, has vist el nom d'alguna científica? En determinades èpoques, les dones en l'àmbit científic no eren freqüents o les seues aportacions no han sigut tan esmentades com en el cas dels homes. Però, creus que no hi ha hagut dones que aportaren investigacions sobre hormones o si n'hi ha hagut no han sigut igualment reconegudes? Esbrina-ho.

Objectiu. La present activitat pretén que l'estudiant conega les aportacions que les científiques han realitzat en el camp de la Psicoendocrinologia, com una manera de compensar l'escassa presència de científiques en alguns dels manuals d'Història de la disciplina.

Activitat. Escriu una breu ressenya (màxim 300 paraules) sobre la vida i obra d'una d'aquestes científiques.

- Amy Elizabeth Kemper Adams (1892–1962) i les hormones sexuals
- Evelyn M. Anderson (1899–1985) i les secrecions adenohipofisiàries (TSH i ACTH)
- Dorothy Price (1899-1980) i l'endocrinologia de la reproducció
- Sara Borrell Ruiz (1917-1999) i metabolisme hormonal
- Gabriella Morrealle de Castro i la sal iodada (1930-2017)
- Lillian Mary Pickford (1902-2002) i l'estimulació elèctrica que produïa hormones
- Mary Ellen Avery (1927–2011) i els glucocorticoides adrenals
- Theodora Emily Decker Colborn (Theo Colborn) (1927–2014) i els disruptors endocrins
- Gerty Theresa Radnitz Cori (1896–1957), la glucosa i el metabolisme dels carbohidrats
- Dorothy Crowfoot Hodgkin (1910–1994) i l'estructura de la insulina
- Rosalyn Sussman Yalow (1921–2011) i el radioimmunoassaig (RIA)
- Linda Buck (1947-) i les olors que alliberen hormones en les conductes sexual i reproductiva
- Susan Leeman (1930-) i els pèptids (Substància P i neurotensina)
- Susan M. Love (1948-2023) i els efectes de la teràpia hormonal substitutòria sobre el càncer de mama
- June Reinisch (1943-) i els efectes de les hormones prenatals en el gènere i les diferències sexuals

Científica: _____

Pràctica 3. El radioimmunoassaig (RIA)

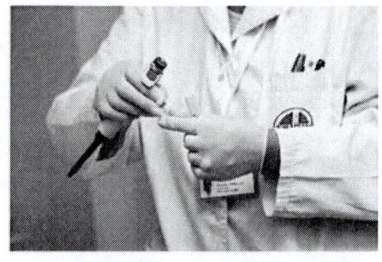

Ubicació en el temari. La present activitat està ideada per a desenvolupar-se en el Tema 1, en la part de tècniques de Psicoendocrinologia.

Objectiu. Aconseguir que el/la alumne/a conega una de les tècniques més utilitzades en Psicoendocrinologia en l'anàlisi hormonal, el seu fonament i procediment.

Fonament. El RIA és el procediment més utilitzat per a mesurar els nivells hormonals en diferents tipus de mostres (sèrum, saliva, etc.) tant en l'àmbit clínic com en investigació. El principi del RIA és la unió competitiva entre l'hormona marcada amb un isòtop radioactiu, generalment el iode 125 (I^{125}), i l'hormona natural que es troba en la mostra, per unir-se a l'anticòs específic per a aquesta hormona.

L'hormona natural s'estima indirectament, ja que el que es compta directament és la quantitat de radioactivitat que emet l'hormona marcada. El recompte es realitza amb un equipament (comptador de radiació gamma) que mesura la radiació emesa en comptes per minut (cpm). Com totes dues hormones, la natural i la marcada, han competit en igualtat de condicions per unir-se a l'anticòs, a més radioactivitat en una mostra d'un pacient, s'entén que l'hormona marcada amb radiació ha superat a l'hormona natural a unir-se a l'anticòs, per la qual cosa hi hauria poca quantitat d'hormona natural en la mostra. Per contra, si la mostra d'un altre pacient tenia molt poca radioactivitat i, per tant, s'ha unit molt poc a l'anticòs, és indicatiu que la seua concentració d'hormona natural era molt alta. Resumidament, sempre hi ha una correlació negativa entre la quantitat de radioactivitat emesa per la mostra i la concentració d'hormona natural que hi havia en aquesta mostra.

No obstant això, aquesta correlació no és lineal. La norma que marca la correspondència entre quantitat de radioactivitat que mesurem i la concentració d'hormona natural es denomina Corba Estàndard o Corba Patró i determina les correspondències entre la radiació que emeten totes les mostres de pacients que s'inclouen en aquesta anàlisi o assaig i la concentració d'hormona natural que aquests pacients tenien. En l'anàlisi, aquesta Corba Estàndard està composta per una sèrie de tubs que contenen l'anticòs, l'hormona marcada amb radiació i diferents quantitats d'hormona natural, però en aquest cas totes les quantitats són conegudes i venen així etiquetades en el material fungible de l'assaig. Les Corbes Estàndard estan compostes per uns 8 o 10 punts de corba dels quals se sap quina concentració d'hormona natural contenen (des de concentracions baixes a altes). Només queda afegir l'hormona marcada i deixar-los competir per unir-se amb l'anticòs. El resultat és un número de radioactivitat per cada punt de corba que es correspondrà amb una concentració coneguda i determinada i, usant aquesta correspondència, s'estimarà quina és la concentració d'hormona natural de cada pacient en funció de la radioactivitat que emeta.

A més de la Corba Estàndard, és habitual incloure tubs de control en els assajos. Entre aquests tubs es troben els anomenats Totals, que només porten hormona marcada amb radiació, i l'anomalia en els seus nivells podria indicar que l'isòtop radioactiu ha caducat (la vida mitjana de l'I^{125} és de 60 dies, aprox.). Altres tubs de control són els anomenats Blancs, que s'han impregnat de radioactivitat i posteriorment buidat per a estimar la radioactivitat que absorbeix el tub i que, a l'ésser una font d'error per no ser radioactivat associada a hormones, cal restar de la resta de tubs de l'assaig. També s'inclouen altres controls de mostres determinades en anàlisis anteriors per a comprovar la repetibilitat i altres possibles fonts d'error.

Generalment, tots els tubs (Totals, Blancs, Controls, punts de corba i mostres de pacients) s'inclouen almenys dues vegades i, en el cas d'alguns punts de la corba especialment sensibles com els pertanyents a concentracions baixes, més vegades. Aquestes repeticions es realitzen per a augmentar la validesa de les determinacions. La discrepància entre els diferents tubs d'una mateixa determinació es mesura mitjançant el coeficient de variació (% CV) i és un percentatge indicatiu d'error en el pipetege de la mostra o de qualsevol altra incidència. Així, a major coeficient de variació, major error. La seua importància varia en funció d'on es produeix. Si es produeix en la mostra d'un pacient, hauria de repetir-se la determinació perquè no és fiable. Si es produeix en un punt de la corba, totes les determinacions de mostres de pacients amb concentracions similars a l'alterada han pogut veure's compromeses.

Activitat. Identificar els principals components del RIA sobre l'output d'una anàlisi hormonal i contestar a les preguntes del formulari.

T: Totals (radiació màxima)

N: Blancs (radiació mínima): ens informen de quanta radioactivitat absorbeix el material del tub.

S: Standard (els punts de la Corba Estàndard).

C: Controls (radiació aleatòria): ens informen de repetibilitat i altres errors possibles.

U: pacients.

DADES DE LA CORBA ESTÀNDARD

Tipus	Posició	CPM	Eix I	Concentració calculada	Concentració real
Total 1	1-1	16893			
Total 2	1-2	16708			
Mitjana		16800	%CV: 0.78		
NSB	1-3	84			
NSB	1-4	91			
NSB	1-5	148			
NSB	1-6	146			
Mitjana		115	%CV: 32.38		
STD 1	1-7	7908	1.035	0.00004	0.0000
STD 1	1-8	7740	1.003	0.001684	0.0000
STD 1	1-9	7424	0.9977	0.003403	0.0000
STD 1	1-10	7470	0.9938	0.003187	0.0000
STD 1	1-11	7664	0.9904	0.003410	0.0000
Mitjana		%CV: 1.49	1.004	0.002345	
STD 2	1-12	1378	0.1443	4.701	5.000
STD 2	1-13	1371	0.1938	5.386	5.000
STD 2	1-14	1340	0.1413	4.933	5.000
Mitjana		%CV: 4.10	0.1598	5.007	
STD 3	1-15	1976	0.2448	2.483	2.500
STD 3	1-16	1984	0.2459	2.466	2.500
STD 3	1-17	1935	0.2394	2.571	2.500
Mitjana		%CV: 1.33	0.2434	2.506	
STD 4	1-18	2884	0.3643	1.315	1.250
STD 4	2-1	3028	0.3832	1.199	1.250
STD 4	2-2	2991	0.3783	1.228	1.250
Mitjana		%CV: 2.51	0.3752	1.247	
STD 5	2-3	3658	0.4661	0.7923	0.8300
STD 5	2-4	3552	0.4521	0.8504	0.8300
STD 5	2-5	3570	0.4545	0.8403	0.8300
Mitjana		%CV: 1.58	0.4576	0.8276	
STD 6	2-6	4337	0.5553	0.4986	0.5000
STD 6	2-7	4356	0.5578	0.4921	0.5000
STD 6	2-8	4274	0.5471	0.5205	0.5000
Mitjana		%CV: 0.99	0.5534	0.5037	
STD 7	2-9	5482	0.7060	0.2175	0.2500
STD 7	2-10	5283	0.6798	0.2543	0.2500
STD 7	2-11	5640	0.7267		0.2500
Mitjana		%CV: 2.62	0.6929	0.2359	
STD 8	2-12	6019	0.7766	0.1356	0.1250
STD 8	2-13	6026	0.7775	0.1347	0.1250
STD 8	2-14	6253	0.8074	0.1065	0.1250
Mitjana		%CV: 2.18	0.7871	0.1256	
STD 9	2-15	6853	0.8863	0.04255	0.05000
STD 9	2-16	6876	0.8894	0.04000	0.05000
STD 9	2-17	6789	0.8779	0.04930	0.05000
Mitjana		%CV: 0.66	0.8845	0.04395	
STD 10	2-18	7179	0.9292	0.01367	0.02500
STD 10	3-1	6848	0.8857	0.04305	0.02500
STD 10	3-2	6893	0.8915	0.03819	0.02500
Mitjana		%CV: 2.58	0.9022	0.03164	

1. Quina quantitat mitjana de radiació tenen els totals en aquest RIA? _____

2. Quina quantitat mitjana de radiació tenen els blancs en aquest RIA? _____

3. Quants punts de la corba hi ha en l'assaig i de quines concentracions són?

   _____

4. Quines concentracions teòriques i calculades mitjanes tenen els estàndards 3, 4, 5, 6, 7, 8, 9 i 10?

Estàndard	Concentració teòrica	Concentracions calculades mitjanes
Std 3		
Std 4		
Std 5		
Std 6		
Std 7		
Std 8		
Std 9		
Std 10		

5. Ha sigut un assaig precís? En quins estàndards ha sigut menys precís? Per què?

6. A continuació, es presenta una taula amb dues columnes. Completa la primera columna amb les concentracions teòriques de la corba estàndard del RIA i la segona columna amb els comptes de radioactivitat que emeten (els tres valors per a cada estàndard).

Estàndard	Concentració teòrica	Comptes de radiació (raw data)
Std 3		
Std 4		
Std 5		
Std 6		
Std 7		
Std 8		
Std 9		
Std 10		

7. A partir de les dades de la taula anterior, què observes? Raona la resposta.

MOSTRES DE PACIENTS

TYPE	POSITION	RAW DATA	Y AXIS	CONCENTRATION	95% CONF.
CONTROL1	3-3	4517	0.5791	4.403	
CONTROL1	3-4	4427	0.5672	4.686	
AVERAGE	%CV:	1.43	0.5731	4.544	+/- 0.3006
CONTROL2	3-5	2638	0.3319	15.43	
CONTROL2	3-6	2642	0.3324	15.39	
AVERAGE	%CV:	0.09	0.3321	15.41	+/- 0.6265
SAMPLE1	3-7	2824	0.3563	13.68	
SAMPLE1	3-8	2887	0.3647	13.13	
AVERAGE	%CV:	1.57	0.3605	13.40	+/- 0.5727
SAMPLE2	3-9	1623	0.1983	35.03	
SAMPLE2	3-10	1608	0.1964	35.63	
AVERAGE	%CV:	0.66	0.1974	35.33	+/- 1.630
SAMPLE3	3-11	2488	0.3121	17.04	
SAMPLE3	3-12	2627	0.3304	15.54	
AVERAGE	%CV:	3.84	0.3213	16.29	+/- 0.6522
SAMPLE4	3-13	1902	0.2351	26.46	
SAMPLE4	3-14	1900	0.2348	26.52	
AVERAGE	%CV:	0.09	0.2349	26.49	+/- 1.115
SAMPLE5	3-15	3505	0.4460	8.774	
SAMPLE5	3-16	3644	0.4642	7.998	
AVERAGE	%CV:	2.75	0.4551	8.386	+/- 0.4456
SAMPLE6	3-17	2377	0.2976	18.37	
SAMPLE6	3-18	2369	0.2965	18.48	
AVERAGE	%CV:	0.24	0.2971	18.42	+/- 0.7231
SAMPLE7	4-1	2438	0.3056	17.62	
SAMPLE7	4-2	2447	0.3068	17.52	
AVERAGE	%CV:	0.26	0.3062	17.57	+/- 0.6937
SAMPLE8	4-3	2176	0.2711	21.21	
SAMPLE8	4-4	2082	0.2588	22.78	
AVERAGE	%CV:	3.12	0.2650	22.00	+/- 0.8668
SAMPLE9	4-5	5725	0.7380	1.776	
SAMPLE9	4-6	5605	0.7222	1.967	
AVERAGE	%CV:	1.50	0.7301	1.871	+/- 0.1849
SAMPLE10	4-7	3530	0.4492	8.633	
SAMPLE10	4-8	3669	0.4675	7.864	
AVERAGE	%CV:	2.74	0.4584	8.248	+/- 0.4416
SAMPLE11	4-9	4509	0.5780	4.426	
SAMPLE11	4-10	4701	0.6032	3.876	
AVERAGE	%CV:	2.94	0.5906	4.151	+/- 0.2821

8.   En l'output de les mostres de pacients, fixa't en la mostra del pacient 4. Quantes concentracions veus? Posa la seua concentració mitjana i el seu coeficient de variació.

Concentracions: _____

Concentració mitjana: _____

Coeficient de variació: _____

9. Què significa que el coeficient de variació d'un pacient/subjecte siga molt alt?

10. Què caldria fer en aquest cas?

Pràctica 4. Identifica hormones i glàndules

Ubicació en el temari. La present activitat està ideada per a desenvolupar-se en el Tema 1, en la part d'organització general del sistema endocrí.

Objectiu. El objectiu de la present pràctica és que el/la alumne/a identifique diferents hormones i glàndules estudiades en el Tema 1 de l'assignatura, així com el mecanisme d'acció cel·lular d'aquestes hormones.

Activitat. Completa els següents requadres que es presenten a continuació.

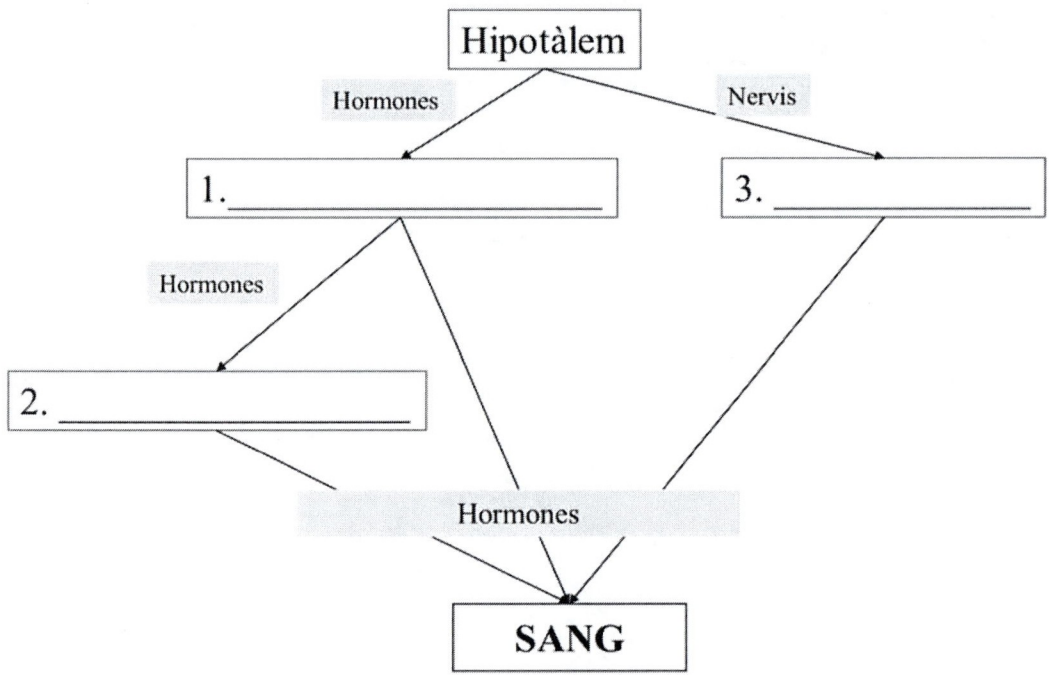

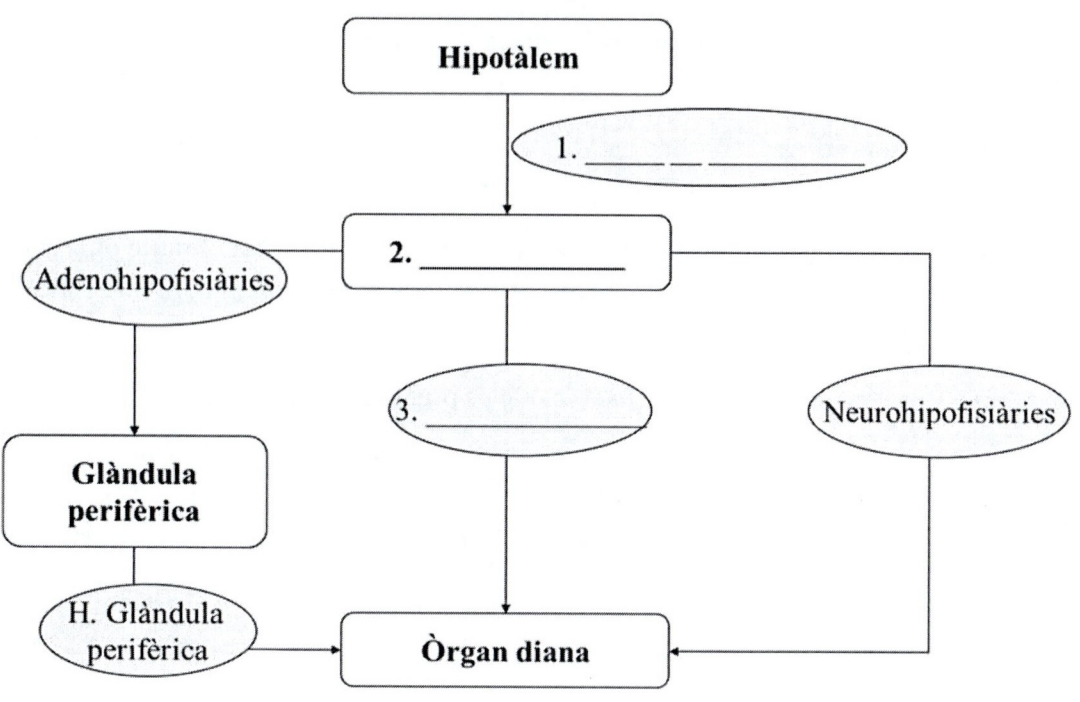

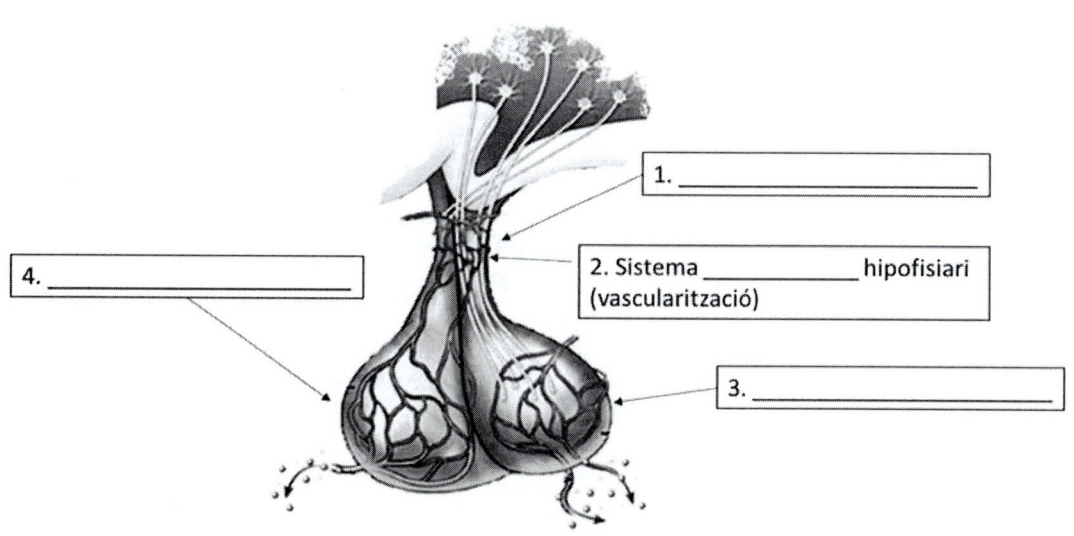

1. _____

2. Sistema _____ hipofisiari (vascularització)

3. _____

4. _____

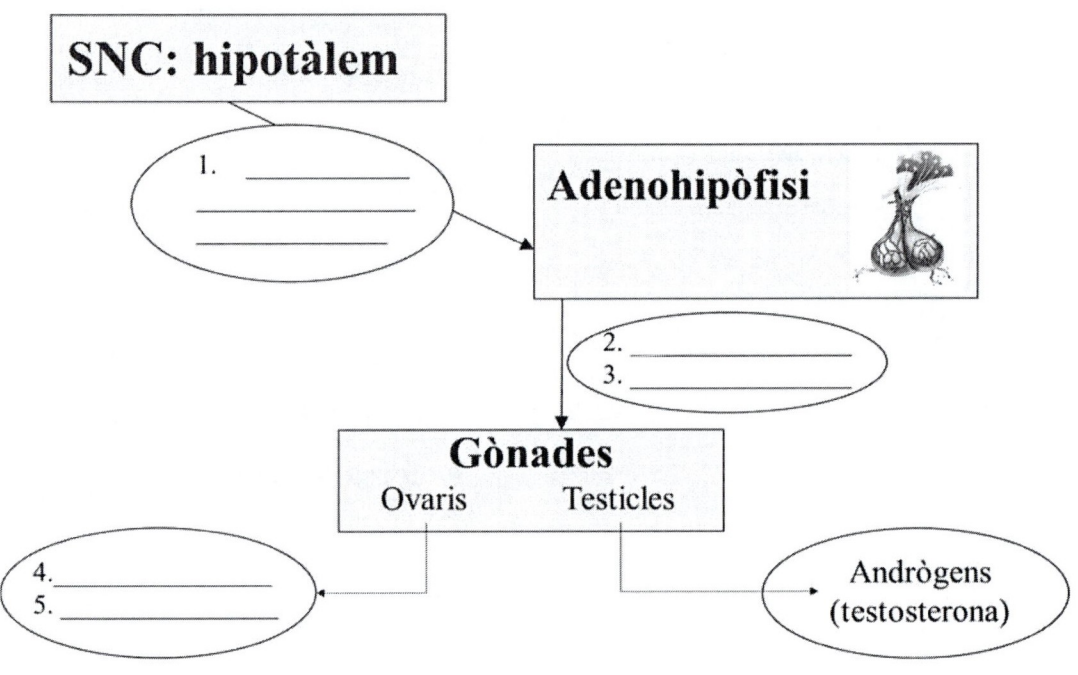

SNC: hipotàlem

1. _____
_____
_____

Adenohipòfisi

2. _____
3. _____

Gònades
Ovaris   Testicles

4. _____
5. _____

Andrògens
(testosterona)

Retroalimentació

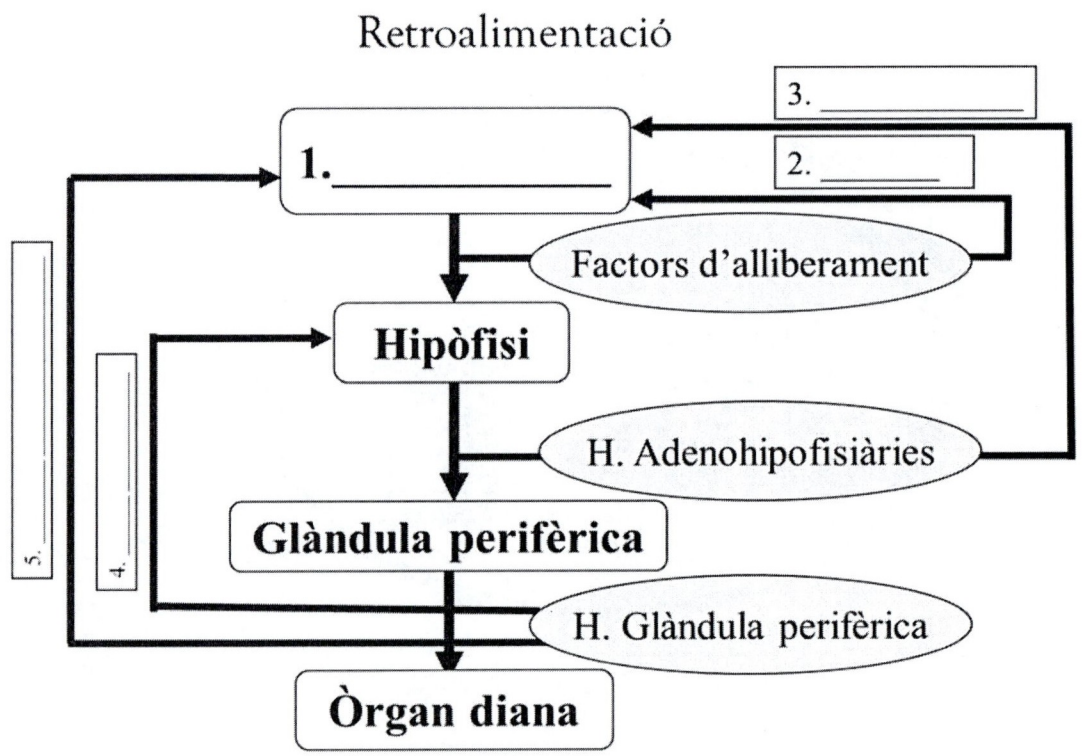

3. _____

1. _____

2. _____

Factors d'alliberament

Hipòfisi

H. Adenohipofisiàries

Glàndula perifèrica

H. Glàndula perifèrica

Òrgan diana

5. _____

4. _____

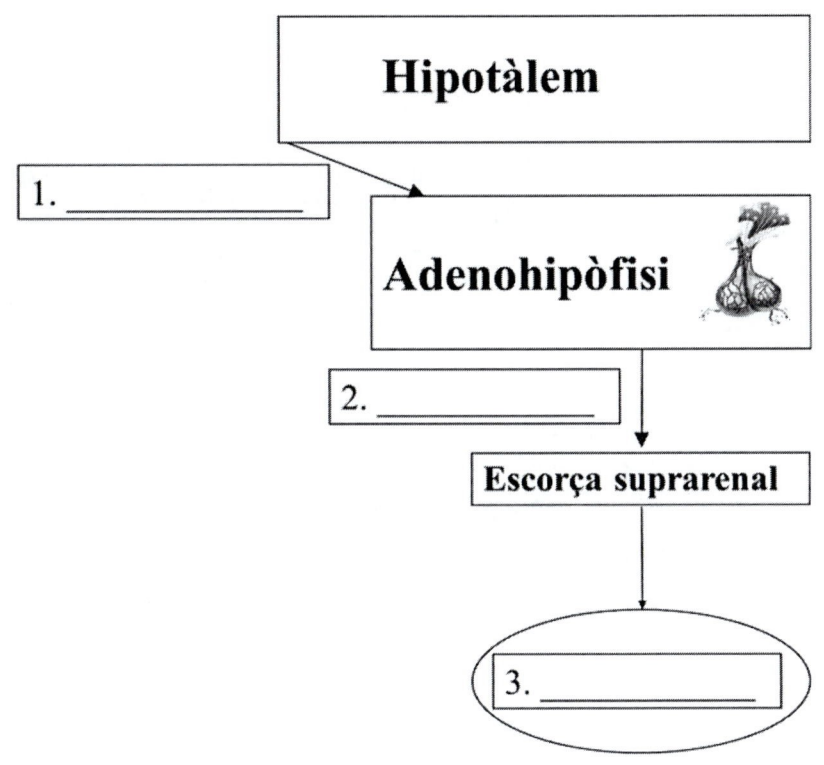

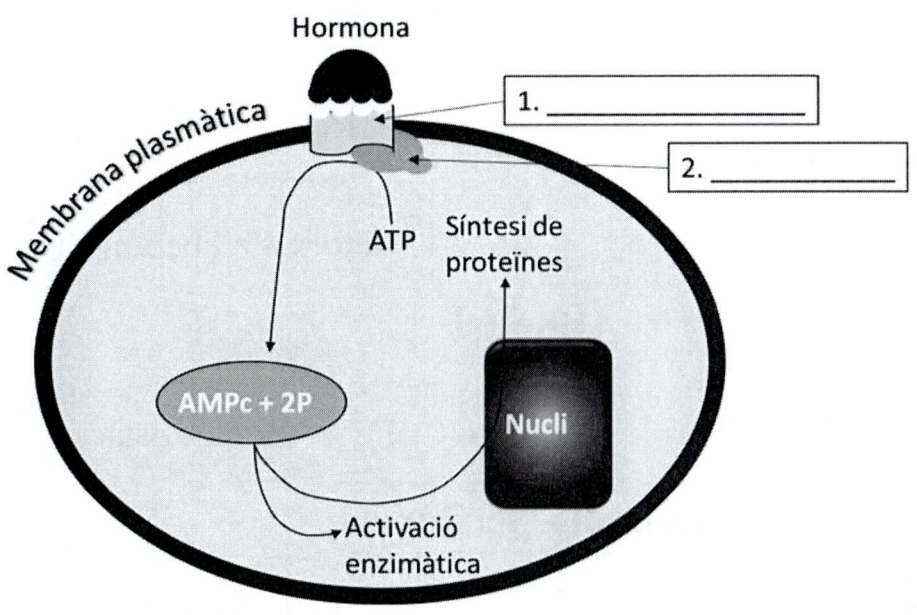

Mecanisme d'acció cel·lular de les hormones _____: l'hormona arriba a la membrana plasmàtica i s'uneix al _____ mitjançant el model clau-pany. Aquesta unió activa una _____ que catalitza la desintegració de les molècules d'ATP en AMP cíclic i fosfat. Aquesta reacció afavoreix l'activació enzimàtica i la síntesi proteica pel material genètic del nucli cel·lular.

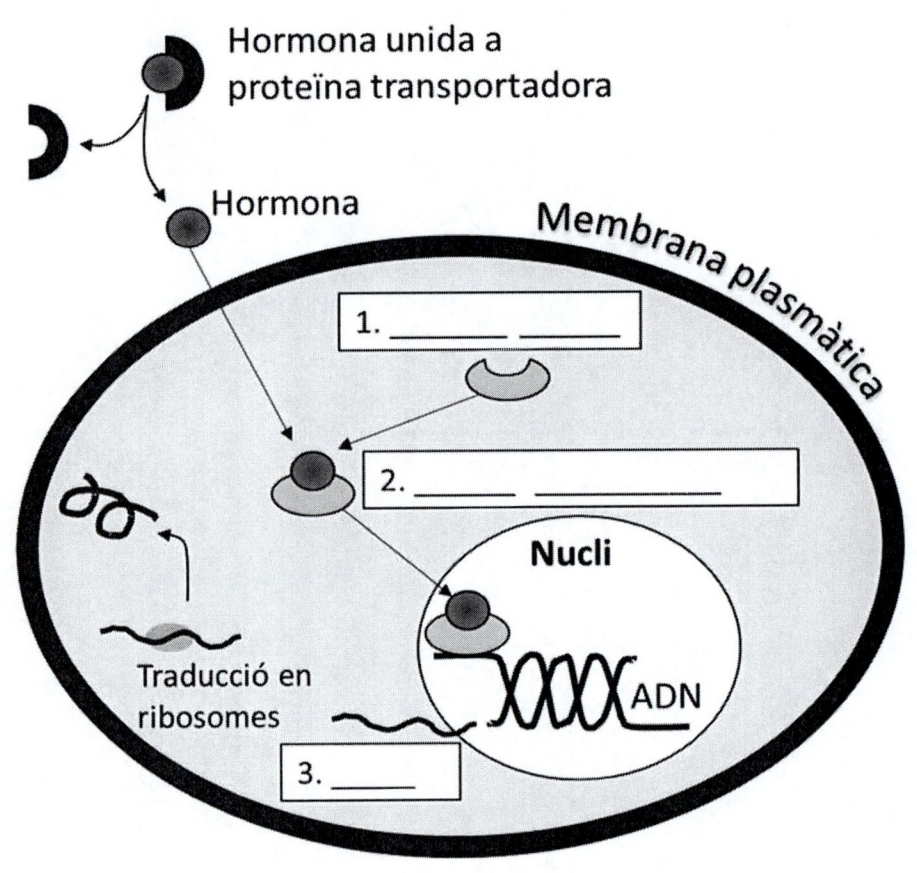

Hormona unida a proteïna transportadora

Hormona

Membrana plasmàtica

1. _____ _____

2. _____ _____

Nucli

ADN

Traducció en ribosomes

3. _____

Mecanisme d'acció de les hormones _____: l'hormona travessa la membrana plasmàtica per difusió i, una vegada en el citoplasma cel·lular, s'uneix a un _____, formant el _____ _____ _____.
Aquesta nova conformació accedeix fàcilment al nucli cel·lular afavorint la transcripció d'ADN a _____.

Pràctica 5. L'eix hipotàlem-hipofiso-tiroidal i el metabolisme

Ubicació en el temari. En el temari, aquesta pràctica se situa en els continguts dels Temes 1 i 2 i, per tant, hauria de ser realitzada en la part final del Tema 2.

Objectiu. La present pràctica pretén que l'estudiant aprenga el funcionament dels eixos endocrins, especialment de l'eix hipotàlem-hipofiso-tiroidal i el seu paper en el metabolisme basal. Així mateix, es pretén que considere l'estratègia dels experiments de la pràctica com una tècnica psicoendocrinológica.

Desenvolupament. La pràctica consisteix en la realització d'una sèrie d'activitats de simulació en rates de laboratori, mitjançant el programari PhysioEx 9.1. La pràctica es durà a terme en un laboratori informàtic en el qual existeix un ordinador per cada dos estudiants. Durant la classe, els/as alumnes/as arreplegaran dades sobre la taxa metabòlica de la rata i els descarregaran en la Taula que se'ls proporciona per a això. Posteriorment, i una vegada emplenada tota la Taula, hauran de contestar les preguntes de manera raonada i lliurar-la, mitjançant la tasca que ha sigut preparada per a tal efecte a l'Aula Virtual. En els casos excepcionals en els quals no donara temps a emplenar la Taula durant la classe, podrà completar-se en la Unitat de Laboratoris en l'horari establert d'atenció al públic. En els casos en que no donara temps a respondre a totes les preguntes durant el període de classe presencial, la tasca pot acabar-se de manera autònoma sense requerir accedir a l'aplicació, ja que les preguntes poden respondre's amb les dades de la Taula.

Fonament. Com s'explica en classe, el correcte funcionament de l'eix hipotàlem-hipofiso-tiroidal (HHT) és fonamental per al manteniment de la Taxa Metabòlica Basal (TMB). Un indicador d'aquesta TMB és la respiració. En aquest experiment estimaràs la respiració de les rates en ml d'oxigen (O_2) per quilo de pes i hora. Per a això hauràs de pesar a la rata i mesurar el volum d'oxigen que respira a través d'un sistema d'èmbols durant un minut. Pots trobar més informació sobre la TMB en l'enllaç de l'Organització Mundial de la Salut: http://www.fao.org/docrep/006/w0073s/w0073s0c.htm. Després, només hauràs de passar-ho a les unitats correctes, per al que t'ajudarà la configuració de la Taula i les següents fórmules:

$$\frac{ml\ O_2\ consumit}{1\ minut} \times \frac{60\ minuts}{1\ hora} = ml\ O_2/hr$$

$$TMB = \frac{ml\ O_2/hr}{Pes\ (Kg)} = \underline{\qquad} ml\ O_2/Kg/hr$$

25

En aquest experiment mesuràs d'aquesta manera la TMB d'una rata sana, una rata tiroidectomitzada (Tx) i una rata hipofisectomitzada (Hypox). A més, podràs administrar-los diversos fàrmacs mitjançant les xeringues que observes en la part superior, per a veure el seu efecte sobre la TMB de les tres rates. Una xeringa conté Tiroxina (Thyroxine), una altra TSH i una altra propiltiouracil. Les dues primeres són dues formes de teràpia hormonal substitutòria i el propiltiouracil és un fàrmac que inhibeix la producció de tiroxina bloquejant la incorporació del iode a l'hormona.

A continuació, tens les instruccions per a manejar l'aplicació i poder realitzar la pràctica.

Instruccions:

1. Arrossega la rata sana fins a la cambra per a mesurar la seua TMB.
2. Prem a Weight per a determinar el pes de la rata.
3. Prem en la pinça del tub de l'esquerra (part superior de la cambra) per a tancar-la. Això evitarà que l'aire exterior entre en la cambra i garanteix que l'únic oxigen que respira la rata és l'oxigen existent dins del sistema tancat.
4. El temps fixat en el temporitzador ha de ser d'un minut. Prem en el botó Start, situat davall del cronòmetre, per a mesurar la quantitat d'oxigen consumit per la rata en un minut. Observa què succeeix amb els nivells d'aigua en el manòmetre a mesura que avança el temps.
5. Prem sobre el connector en forma de T per a connectar el manòmetre i la xeringa.
6. Prem sobre la pinça del tub de l'esquerra (part superior de la cambra) perquè s'òbriga i que la rata puga respirar aire de l'exterior.
7. Observa la diferència entre el nivell dels braços esquerre i dret del manòmetre. Estima el volum de O_2 que hauràs d'injectar perquè els nivells dels dos braços del manòmetre s'igualen. Aquest volum és equivalent a la quantitat d'oxigen que ha consumit la rata durant un minut en la cambra segellada. Prem el botó (+) situat al costat de l'indicador de ml O_2 fins a arribar al volum estimat. Després prem a Inject i observa el que ocorre amb el fluid en els dos braços. Quan els nivells s'hagen igualat, apareixerà la paraula "level" i romandrà en pantalla. Si no s'ha injectat suficient oxigen, la paraula "level" no apareixerà. Llavors prem una altra vegada en el botó (+) per a augmentar el volum i fes clic a Inject de nou. Si s'ha injectat massa oxigen, la paraula "level" parpelleja i després desapareix. Prem en el botó (—) per a baixar el volum i prem a Inject de nou. Prem a Record Data quan els nivells s'igualen.
8. Calcula el consum d'oxigen per hora d'aquesta rata mitjançant les equacions que se t'han proporcionat. Anota el resultat de consum d'oxigen per hora en el camp que apareix a continuació i prem a Submit per a registrar els teus resultats en l'informe final de laboratori.

9. Ara que has calculat el consum d'oxigen per hora per a aquesta rata, has de calcular la taxa metabòlica per quilogram de pes corporal amb l'equació que se t'ha proporcionat anteriorment (tingues en compte que per a usar aquesta equació necessites convertir les dades de pes, és a dir, passar de grams a quilos).

10. Anota el resultat de la taxa metabòlica en el camp que apareix a continuació i prem a Submit per a registrar el teu resultat en l'informe final de laboratori.

11. Arrossega la rata des de la cambra fins a la seua gàbia i després prem a Restore per a restablir l'estat inicial de l'aparell.

12. Ara realitzaràs l'activitat 2, és a dir, la determinació de l'efecte de la tiroxina sobre la TMB de les tres rates. Arrossega la xeringa amb tiroxina fins a les extremitats posteriors de la rata sana. Solta el botó del ratolí per a injectar tiroxina a la rata. En aquesta simulació, els efectes de la injecció són immediats (En una situació real de laboratori, s'hauria d'injectar tiroxina a les rates diàriament durant 1-2 setmanes).

13. Ara torna a repetir l'operació de pesar la rata, mesurar la quantitat d'oxigen consumit per les rates en un minut, el consum d'oxigen per hora i la taxa metabòlica de la rata per a totes les rates i anota els resultats en la Taula.

14. Arrossega la rata des de la cambra per a retornar-la a la seua gàbia i després prem a Clean per a eliminar les restes de tiroxina en la rata i netejar la xeringa. (En aquesta simulació, la tiroxina s'elimina a l'instant. En una situació real de laboratori, l'eliminació total de la tiroxina portaria setmanes o exigiria usar una altra rata).

15. Repeteix els passos explicats anteriorment amb la rata tiroidectomitzada (Tx) i hipofisectomitzada (Hypox). Anota els teus resultats en la Taula.

Taula. Determinar el metabolisme basal d'una rata normal, una altra tiroidectomitzada i una altra hipofisectomitzada, completant la següent taula.

	Rata sana	Rata tiroidectomitzada	Rata hipofisectomitzada
Dades de referència			
Pes			
Ml d'O_2 en 1 min			
Ml d'O_2 per hora			
Metabolisme basal			
Amb tiroxina			
Pes			
Ml d'O_2 en 1 min			
Ml d'O_2 per hora			
Metabolisme basal			
Amb TSH			
Pes			
Ml d'O_2 en 1 min			
Ml d'O_2 per hora			
Metabolisme basal			
Amb propiltiouracil			
Pes			
Ml d'O_2 en 1 min			
Ml d'O_2 per hora			
Metabolisme basal			

Tècniques. Explica quina tècnica o tècniques de Psicoendocrinologia s'han aplicat en la present pràctica i justifica la teua resposta.

Activitat 1. Respon a les següents preguntes en funció de les dades de la Taula:

a) Quines diferències van existir entre els metabolismes basals de les tres rates?

b) Per què es van diferenciar els metabolismes basals?

c) Si un animal ha sigut tiroidectomitzat, quines hormones desapareixerien de la seua sang?

d) Com a resultat de les hormones desaparegudes, quin seria l'efecte global sobre l'organisme?

e) Com tractaries a un animal tiroidectomitzat perquè funcionés com un animal sa?

f) Quins efectes esperaries observar en els nivells hormonals d'un animal que ha sigut hipofisectomitzat?

g) Quin seria l'efecte d'una hipofisectomia sobre el metabolisme d'un animal?

Activitat 2. Efecte de la tiroxina sobre el metabolisme basal

Observant les dades de la taula, respon a les següents preguntes:

a) Quin va ser l'efecte de la tiroxina sobre el metabolisme basal d'una rata sana? Com és aquest metabolisme basal en comparació amb el d'una rata sana sense tiroxina?

b) Per què es va observar aquest efecte?

c) Quin va ser l'efecte de la tiroxina sobre el metabolisme basal d'una rata tiroidectomitzada? Com és aquest metabolisme basal en comparació amb el d'una rata tiroidectomitzada sense tiroxina?

d) Per què es va observar aquest efecte?

e) Quin va ser l'efecte de la tiroxina sobre el metabolisme basal d'una rata hipofisectomitzada? Com és aquest metabolisme basal en comparació amb el d'una rata hipofisectomitzada sense tiroxina?

f) Per què es va observar aquest efecte?

Activitat 3. Determinant l'efecte de la TSH sobre el metabolisme basal

a) Quin va ser l'efecte de la TSH sobre el metabolisme basal d'una rata sana? Com és aquest metabolisme basal en comparació amb el d'una rata sana sense tiroxina?

b) Per què es va observar aquest efecte?

c) Quin va ser l'efecte de la TSH sobre el metabolisme basal d'una rata tiroidectomitzada? Com és aquest metabolisme basal en comparació amb el d'una rata tiroidectomitzada sense tiroxina?

d) Per què es va observar aquest efecte?

e) Quin va ser l'efecte de la TSH sobre el metabolisme basal d'una rata hipofisectomitzada? Com és aquest metabolisme basal en comparació amb el d'una rata hipofisectomitzada sense tiroxina?

f) Per què es va observar aquest efecte?

Activitat 4. Determinant l'efecte del propiltiouracil sobre el metabolisme basal.

a) Quin va ser l'efecte del propiltiouracil sobre el metabolisme basal d'una rata sana? Com és aquest metabolisme basal en comparació amb el d'una rata sana sense tiroxina?

b) Per què es va observar aquest efecte?

c) Quin va ser l'efecte del propiltiouracil sobre el metabolisme basal d'una rata tiroidectomitzada? Com és aquest metabolisme basal en comparació amb el d'una rata tiroidectomitzada sense tiroxina?

d) Per què es va observar aquest efecte?

e) Quin va ser l'efecte del propiltiouracil sobre el metabolisme basal d'una rata hipofisectomitzada? Com és aquest metabolisme basal en comparació amb el d'una rata hipofisectomitzada sense tiroxina?

f) Per què es va observar aquest efecte?

Pràctica 6. Disruptors endocrins i reproducció

Ubicació en el temari. Aquesta pràctica pot relacionar-se amb els continguts del Tema 3, relatius a conducta reproductiva.

Objectiu. Aconseguir que l'estudiantat entenga la reproducció com un procés subjecte a factors de l'individu i de l'entorn. Així mateix, es pretén que conega el concepte de disruptor endocrí i les seues implicacions.

Fonament. Els disruptors endocrins són substàncies químiques capaces d'alterar l'equilibri hormonal mitjançant diferents vies. Poden tenir implicacions sobre la salut, produint símptomes variables en funció del sistema hormonal que afecten. Pots trobar més informació en la pàgina web del Ministeri de Drets Socials, Consum i Agenda 2030, en el següent enllaç:

https://www.aesan.gob.es/AECOSAN/web/noticias_y_actualizaciones/noticias/2019/disruptores_endocrinos.htm

A continuació, tens dades parcials sobre la capacitat reproductora de diversos ruscos d'abelles. Aquestes dades són reals i corresponen a part de les dades d'un estudi publicat, la referència del qual trobaràs al final d'aquesta activitat. A un grup d'abelles se li ha administrat una substància innòcua, és el grup control. A un altre grup se li ha administrat un pesticida de tipus neonicotinoide, amb una combinació de compostos similar a la que s'utilitza en els pesticides per a les plantes.

En la primera columna es troba el codi de cada abella, en la segona columna s'especifica el tractament rebut per cada abella (control o pesticida), i en la tercera columna trobaràs aquest mateix tractament, però codificat categòricament per a poder realitzar comparacions. Posteriorment, trobaràs el volum total d'espermatozoides (en milions per 500 µl de semen) per a cada abella i, de tots ells, el nombre de milions d'espermatozoides vius i funcionals.

Subjecte	Tractament	Codi tractament	Quantitat d'esperma en milions	Milions d'espermatozoides vius
169	Control	1	3.3625	3.026182
170	Control	1	1.3625	1.057766
171	Control	1	4.725	3.302065
172	Control	1	2.65	2.63037
173	Control	1	3.2125	3.028475
174	Control	1	3.4375	3.240586
127	Control	1	1.8625	1.585761
128	Control	1	1.8	1.528614
129	Control	1	0.125	0.109404
130	Control	1	3	2.607556
131	Control	1	3	2.232584
132	Control	1	1.2625	1.144545
134	Control	1	2.55	1.866286
71	Control	1	2.4125	1.085435
70	Control	1	1.0125	0.917163
69	Control	1	3.375	3.037431
68	Control	1	3.7625	2.920989
Mitjana del grup				
16	Pesticida	2	0.7875	0.671343
19	Pesticida	2	0.55	0.529238
17	Pesticida	2	2.0125	1.896892
21	Pesticida	2	0.3125	0.20214
22	Pesticida	2	2.425	2.264194
23	Pesticida	2	1.175	1.071483
24	Pesticida	2	2.3375	1.968871
25	Pesticida	2	0.1375	0.06875
26	Pesticida	2	3.775	3.459582
33	Pesticida	2	1.9625	1.798906
104	Pesticida	2	2.6875	2.598269
34	Pesticida	2	1.475	1.394775
35	Pesticida	2	1.5125	1.16145
36	Pesticida	2	0.5875	0.545318
20	Pesticida	2	3.1	2.661958
101	Pesticida	2	0.6125	0.510809
103	Pesticida	2	0.55	0.465918
99	Pesticida	2	1.7375	1.39
38	Pesticida	2	0.3125	0.206101
98	Pesticida	2	0.6125	0.590467
Mitjana del grup				

Activitat. Contesta a les següents preguntes a partir de la informació proporcionada en la taula anterior.

1. Calcula la mitjana de cada variable per al grup control i per al grup amb pesticides. Pots copiar les dades i incloure'ls en una base de dades (Excel o SPSS). Fes una gràfica amb barres en la qual es compare la mitjana de tots dos grups.

2. Què observes?

3. Quines implicacions té per a l'ecosistema?

Per a més informació sobre l'estudi complet, per favor, consulta el següent article que trobaràs amb lliure accés en l'enllaç del doi (digital object identifier):

Straub, L., Villamar-Bouza, L., Bruckner, S., Chantawannakul, P., Gauthier, L., Khongphinitbunjong, K., Retschnig, G., Troxler, A., Vidondo, B., Neumann, P., & Williams, G. R. (2016). Neonicotinoid insecticides can serve as inadvertent insect contraceptives. *Proceedings Biological Sciences, 283*(1835), 20160506. https://doi.org/10.1098/rspb.2016.0506

Pràctica 7. Masculinització i testosterona prenatal

Ubicació en el temari. Aquesta pràctica pot relacionar-se amb els continguts del Tema 3 relatius als efectes de les hormones sexuals.

Objectiu. Aconseguir que l'estudiant conega les implicacions dels nivells hormonals en etapes crítiques del desenvolupament.

Fonament. Els nivells de testosterona prenatal poden exercir un efecte masculinitzador potent sobre les característiques físiques postnatals. De fet, el període prenatal és considerat un moment crític per als efectes de diverses hormones, incloent les hormones sexuals i els glucocorticoides, entre altres. Un exemple d'això són els resultats de diversos estudis sobre la longitud dels dits (ràtio D2) tant en animals com en humans. No obstant això, la majoria dels estudis amb éssers humans presenten un plantejament correlacional i no s'ha provat directament la relació causal entre l'exposició prenatal a hormones sexuals i la longitud dels dits. En la present pràctica disposaràs de dades reals d'un estudi que relaciona els nivells prenatals de testosterona amb l'estructura facial de persones adultes. En l'estudi es va fer un seguiment de 20 anys a 97 homes i 86 dones, als quals se'ls havia mesurat la concentració de testosterona en el cordó umbilical. Quan eren adults (rang d'edat de 21-24 anys), se'ls van registrar tres imatges facials i es van mesurar 6 distàncies entre paràmetres facials que es consideren clarament distintius entre homes i dones en l'adultesa. A partir d'aquestes distàncies es va calcular una puntuació típica de gènere (PTG) per a cadascuna de les cares, com un indicador de masculinització o feminització. Com més PTG, més trets femenins presenta el rostre.

Activitat. Llig el següent article i respon a les preguntes:

Whitehouse, A. J., Gilani, S. Z., Shafait, F., Mian, A., Tan, D. W., Maybery, M. T., Keelan, J. A., Hart, R., Handelsman, D. J., Goonawardene, M., & Eastwood, P. (2015). Prenatal testosterone exposure is related to sexually dimorphic facial morphology in adulthood. *Proceedings Biological Sciences, 282*(1816), 20151351. https://doi.org/10.1098/rspb.2015.1351

1. Hi ha diferències significatives entre homes i dones en els nivells de testosterona del cordó umbilical?

2. En termes d'efectes organitzadors o activadors, quin tipus d'efectes exerceixen els nivells hormonals del cordó umbilical i per què?

3. En la mostra total, la PTG correlaciona amb els nivells de testosterona del cordó umbilical? Especifica el sentit de la correlació.

```



```

4. Es manté aquesta correlació entre la PTG i els nivells de testosterona del cordó umbilical quan separem la mostra de l'estudi en homes i dones?

```



```

5. Existeixen diferències en la ràtio D2:D4 entre homes i dones?

```



```

6. En la mostra total, es correlaciona la PTG amb la ràtio D2:D4? Es manté aquesta correlació quan separem la mostra de l'estudi en homes i dones? Com podria interpretar-se?

```



```

7. En la mostra total, es correlaciona la PTG amb els nivells de testosterona en l'edat adulta?

```



```

8. Si pogueres repetir aquest estudi, en quina altra etapa de la vida dels participants hagueres pres mesures? Raona la teua resposta.

```



```

Pràctica 8. Anticonceptius orals

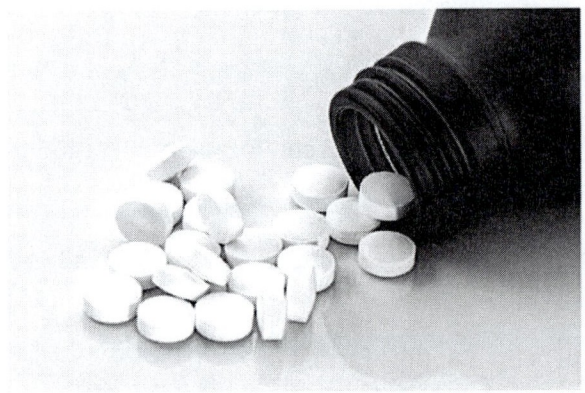

Ubicació en el temari. Per la seua relació amb la conducta sexual i la reproducció, la següent activitat pot situar-se en el Tema 3 (Hormones, desenvolupament i cicle vital).

Objectiu. Que l'estudiantat conega els efectes de l'administració hormonal i els principis bàsics que regulen la intervenció farmacològica de l'eix hipotalàmic-hipofisiari-ovàric. Així mateix, es pretén que l'alumnat es familiaritze amb els tractaments farmacològics, tenint en compte que l'assignatura de Psicofarmacologia s'imparteix a continuació d'aquesta.

Fonament. S'estima que 55 milions de dones utilitzen anticonceptius orals. Les estratègies anticonceptives d'aquests compostos són diverses, però tots ells tenen en comú que intervenen en el cicle reproductiu femení mitjançant l'administració suprafisiològica d'hormones. La intervenció dels eixos endocrins implica una varietat d'efectes secundaris.

Activitat. Llig detingudament l'article publicat per Navarro Gótiiez i Morera Montes, titulat "Els anticonceptius orals: criteris de selecció, utilització i maneig", disponible en la web del Ministeri de Sanitat amb lliure accés en el següent enllaç:

https://www.sanidad.gob.es/biblioPublic/publicaciones/recursos_propios/infM edic/porVolumen/anticonc.htm

A continuació, respon a les següents preguntes:

1. Quines hormones s'administren en els anticonceptius orals?

2. Enumera 6 mecanismes d'acció dels anticonceptius orals.

3. Enumera 3 efectes secundaris dels anticonceptius orals.

A tall d'exemple, localitza el prospecte d'un anticonceptiu oral com Azalia, en el següent enllaç:

https://www.vademecum.es/espana/medicamento/37329/azalia-75-microgramos-comprimidos-recubiertos-con-pelicula-efg

4. Quina hormona forma part del principi actiu d'aquest fàrmac?

5. De les possibles reaccions adverses d'aquest fàrmac, algunes poden ser especialment rellevants en la pràctica clínica dels psicòlegs i de les psicòlogues, quins?

Pràctica 9. Estressors psicosocials i activació de l'eix hipotalàmic-hipofisiari-adrenal

Ubicació en el temari. Aquesta activitat s'adapta als continguts del Tema 5.

Objectiu. L'objectiu d'aquesta activitat és que l'estudiantat conega diferents estressors de laboratori en éssers humans, les seues característiques i la seua eficàcia a l'hora de desencadenar una resposta de cortisol.

Fonament. La investigació sobre les relacions entre l'estrès psicosocial, l'estat d'ànim, el rendiment cognitiu i els canvis fisiològics ha sigut molt extensa en Psicologia Experimental. Cal comptar amb mètodes vàlids per a induir estrès experimentalment. Amb la present activitat podràs conèixer i comprovar l'eficàcia dels estressors de laboratori més utilitzats a l'hora de produir canvis significatius en l'eix hipotàlem-hipofisiari-adrenal, amb els consegüents augments en els nivells de cortisol.

Activitat. Disposaràs d'accés a la base de dades d'un experiment real amb éssers humans. En aquest experiment es comprova l'eficàcia de tres estressors de laboratori, en comparació amb una situació control que no genera estrès. L'objectiu és conèixer quin d'ells és més eficaç per a activar a l'eix hipotàlem-hipofisiari-adrenal. Els tres estressors són: el *Trier Social Stress Test* (TSST), el *Socially Evaluative Cold Pressor Task* (SECPT) i una tasca mental aritmètica per ordenador (MAT). El cortisol s'ha mesurat abans (com a línia base), immediatament després, i als 10 i 20 minuts després d'acabar l'estressor.

Abans d'accedir a les dades, convé conèixer aquests estressors. Per favor, descriu breument en què consisteixen cadascun. Per a això, pots ajudar-te de la secció de material i mètode dels articles que trobaràs amb lliure accés en els següents enllaços:

https://www.uv.es/labnsc/art%20labnsc/2016/villada_et_al.,_2016_stress_and_healt h.pdf
https://doi.org/10.1016/j.ynstr.2016.11.001
https://doi.org/10.1111/psyp.12826
https://doi.org/10.1080/10253890.2017.1335300

1. El *Trier Social Stress Test* (TSST) consisteix en una tasca composta de...

2. El *Socially Evaluative Cold Pressor Task* (SECPT) és una tasca que consisteix en...

3. La tasca mental aritmètica per ordinador (MAT) és una prova...

Ara ja podem conèixer una mica més dels efectes d'aquests estressors. Podràs trobar les dades en:

Giles GE, Mahoney CR, Brunyé TT, Taylor HA, Kanarek RB (2014) Data from: Stress effects on mood, HPA axis, and autonomic response: comparison of three psychosocial stress paradigms. Dryad Digital Repository. https://doi.org/10.5061/dryad.64313

Encara que l'estudi arreplega diferents grups de variables distribuïdes en diverses fulles del fitxer Excel que has descarregat, ens centrarem en els nivells de cortisol. Dirigeix-te a la fulla titulada cortisol en la qual trobaràs els nivells d'aquesta hormona. Trobaràs les dades directes i les dades transformades logarítmicament. Seria recomanable fer els contrastos amb les dades logarítmiques si s'empraran proves paramètriques, ja que els nivells de cortisol no solen presentar una distribució normal.

Les variables que trobaràs en la fulla "cortisol" del fitxer són les següents:

Variable	Descripció
Subject	Identificació del participant
Coldpres.1.00	Nivells de cortisol abans del *Cold Pressor Test*
Coldpres.2.00	Nivells de cortisol immediatament després del *Cold Pressor Test*
Coldpres.3.00	Nivells de cortisol als 10 minuts d'acabat el *Cold Pressor Test*
Coldpres.4.00	Nivells de cortisol als 20 minuts d'acabat el *Cold Pressor Test*
Control.1.00	Nivells de cortisol abans de la situació control
Control.2.00	Nivells de cortisol immediatament després de la situació control
Control.3.00	Nivells de cortisol als 10 minuts de la situació control
Control.4.00	Nivells de cortisol als 20 minuts de la situació control
Math.1.00	Nivells de cortisol abans de la tasca matemàtica
Math.2.00	Nivells de cortisol immediatament després de la tasca matemàtica
Math.3.00	Nivells de cortisol als 10 minuts de la tasca matemàtica
Math.4.00	Nivells de cortisol als 20 minuts de la tasca matemàtica
Trier.1.00	Nivells de cortisol abans del TSST
Trier.2.00	Nivells de cortisol immediatament després del TSST
Trier.3.00	Nivells de cortisol als 10 minuts del TSST
Trier.4.00	Nivells de cortisol als 20 minuts del TSST
LgTSST.1	Dades logarítmiques de cortisol abans del TSST
LgTSST.2	Dades logarítmiques de cortisol immediatament després del TSST
LgTSST.3	Dades logarítmiques de cortisol als 10 minuts del TSST
LgTSST.4	Dades logarítmiques de cortisol als 20 minuts del TSST
LgSECPT.1	Dades logarítmiques de cortisol abans del *Cold Pressor Test*
LgSECPT.2	Dades logarítmiques de cortisol immediatament després del *Cold Pressor Test*
LgSECPT.3	Dades logarítmiques de cortisol als 10 minuts d'acabat el *Cold Pressor Test*
LgSECPT.4	Dades logarítmiques de cortisol als 20 minuts d'acabat el *Cold Pressor Test*
LgMAT.1	Dades logarítmiques de cortisol abans de la tasca matemàtica
LgMAT.2	Dades logarítmiques de cortisol immediatament després de la tasca matemàtica
LgMAT.3	Dades logarítmiques de cortisol als 10 minuts de la tasca matemàtica
LgMAT.4	Dades logarítmiques de cortisol als 20 minuts de la tasca matemàtica
LgControl.1	Dades logarítmiques de cortisol abans de la situació control
LgControl.2	Dades logarítmiques de cortisol immediatament després de la situació control
LgControl.3	Dades logarítmiques de cortisol als 10 minuts de la situació control
LgControl.4	Dades logarítmiques de cortisol als 20 minuts de la situació control

Tenint en compte la informació presentada en la taula, respon a les següents qüestions:

4. Quin estressor ha provocat majors augments de cortisol en totes les mostres posteriors a l'estrès respecte a la línia base?

5. Als 20 minuts d'acabat l'estressor, quins estressors han produït augments significatius de cortisol?

6. Realitza una gràfica amb les mitjanes de cortisol de cada estressor a cada moment, en la qual cada línia represente l'evolució dels nivells de cortisol per a cada estressor.

7. Recorda que la nostra pregunta inicial era conèixer quin estressor és el més eficaç a l'hora de provocar una resposta significativa de cortisol en éssers humans. Ha arribat el moment de respondre a aquesta pregunta. A quina conclusió arribes? Per favor, raona la teua resposta.

8. Els participants d'aquest estudi van ser 24 estudiants (17 dones i 7 homes; edat mitjana= 20,63 ± 1,91 anys). Els criteris de exclusió per a formar part de l'estudi eren: ser fumador/fumadora, prendre fàrmacs diferents a anticonceptius orals, estar embarassada o en període de lactància, tenir historial de depressió, trastorns d'ansietat, atacs de pànic, alteracions cardíaques, hipertensió o insomni. Per què creus que es van imposar aquests criteris d'exclusió per a formar part de l'estudi?

9. Canviaries algun dels criteris d'exclusió? Raona la teua resposta.

Per a més informació, pots trobar l'article publicat en la següent cita i enllaç:

Giles GE, Mahoney CR, Brunyé TT, Taylor HA, Kanarek RB (2014) Stress effects on mood, HPA axis, and autonomic response: comparison of three psychosocial stress paradigms. *PLoS ONE, 9*(12): e113618. https://doi.org/10.1371/journal.pone.0113618

Activitat 10. L'estrès en activitats quotidianes

Ubicació en el temari. En el temari, aquesta pràctica relaciona, des d'una perspectiva experimental, els continguts dels Temes 2 (Hormones i metabolisme), 5 (Estrès i adaptació), 6 (Hormones i estat d'ànim) i 7 (Hormones, memòria i aprenentatge).

Objectiu. L'objectiu general de la present pràctica consisteix en el fet que l'estudiantat registre i valore el paper de les hormones en els canvis metabòlics, els processos d'estrès i el seu impacte en l'organisme i en el funcionament cognitiu. Al seu torn, es pretén que l'alumnat s'ajuste a les obligacions deontològiques de la Psicologia, tal com s'aborda en una altra assignatura del grau. Per a això, es realitzarà un experiment a l'aula, posant de manifest la importància de l'anonimat en les bases de dades i les implicacions ètiques i deontològiques del seu incompliment.

Els objectius específics de la pràctica consisteixen en el fet que l'alumnat:

a) Experimente mesurant algun dels components de la resposta d'estrès i els seus efectes en l'estat d'ànim, el metabolisme i el funcionament cognitiu.

b) Interioritze la metodologia experimental com un mètode sistemàtic d'abordar un problema, la qual cosa li pot ser especialment útil per a l'abordatge del seu treball final de grau en el següent quadrimestre.

c) Reflexione sobre els resultats obtinguts i resoldre preguntes de manera autònoma.

d) Interrelacione diferents continguts del temari per a percebre que l'organització temàtica és, en realitat, artificial en la mesura en què diferents processos es donen simultàniament en l'organisme.

Els **resultats de l'aprenentatge** a aconseguir mitjançant aquesta pràctica, d'acord amb la guia acadèmica de l'assignatura, es tradueixen a descriure els patrons hormonals associats al dimorfisme sexual, l'estrès, l'estat d'ànim, la conducta social i la funció cognitiva.

Fonament. Parlem de **glucèmia** quan ens referim als nivells de glucosa en sang. Es mesuren en mg de glucosa per dl de sang, i els valors normals oscil·len entre 75-110 mg/dl en dejú, i per davall de 200 mg/dl havent dinat.

Els nivells de glucosa poden ser modificats per diferents estímuls. Els menjars o la ingesta de glucosa produeixen augments de la glucosa en sang capil·lar de manera immediata, estimulant la secreció pancreàtica d'insulina que, com a mecanisme compensatori, persegueix restablir l'equilibri intern. L'exercici físic, depenent de la intensitat, també pot modificar els nivells de glucosa en sang mitjançant un mecanisme adaptatiu que persegueix que els músculs disposen d'un suport energètic adequat. Aquest efecte està mediat pel sistema nerviós autònom i el sistema endocrí, principalment els glucocorticoides (cortisol en éssers humans, corticosterona en animals). L'estrès, fins i tot en absència d'esforç físic, provoca una activació del sistema nerviós autònom i, si persisteix l'estimulació estressant, una activació de l'eix hipotalàmic-hipofisiari-adrenal amb el conseqüent alliberament de glucocorticoides el pic dels quals s'aconseguirà aproximadament als 15-30 minuts d'iniciat l'estímul. Totes dues activacions, que formen part de la resposta d'estrès, comporten un efecte hiperglucemiante.

Els nivells de glucosa resultants de la nostra activitat i estils de vida també són capaces de modular el nostre funcionament cognitiu (Kerti et al., 2013, disponible en obert en https://doi.org/10.1212/01.wnl.0000435561.00234.ee). A més, l'estrès, ja siga provocat per un esforç físic o per una estimulació de naturalesa psicosocial en absència d'esforç, pot millorar o interferir en el funcionament cognitiu, depenent de diferents factors (Wolf et al., 2016, revisió disponible en https://doi.org/10.1111/jne.12353).

Hipòtesi de partida:

1. La ingesta massiva de glucosa provocarà augments en sang significativament diferents als presentats per un grup control que ingereix aigua.
2. L'exercici físic curt i d'intensitat baixa/moderada produirà augments de glucosa en sang respecte a un grup control en repòs, com a mecanisme adaptatiu que satisfà la demanda energètica de l'activitat.
3. L'estrès psicosocial produirà augments en els nivells de glucosa en sang respecte a un grup control en repòs.
4. Els augments dels nivells de glucosa en sang (ja siga produïts per la ingesta de glucosa, l'exercici físic o l'estrès) milloraran el rendiment cognitiu en una tasca de memòria respecte a un grup control (basant-nos en Meikle et al., 2005, disponible en: https://doi.org/10.1080/10284150500193833).

L'estrès (físic o psicosocial) millora el rendiment cognitiu en una tasca de memòria respecte al d'un grup control ("Stress and GCs exert phase-dependent effects on long-term memory, with enhancing effects on the consolidation of memory and impairing effects on memory retrieval", arreplegat de Wolf et al. (2016), revisió disponible en https://doi.org/10.1111/jne.12353)

Instruccions: La setmana prèvia a la realització de la pràctica es reclutarà a la mostra, sol·licitant:

- La participació voluntària de 8 estudiants que actuaran com a subjectes experimentals. L'únic criteri d'exclusió és patir diabetis. Se'ls demanarà indumentària còmoda, però no se'ls avisarà de quin grup experimental seran assignats. **NOTA**: Encara que seria preferible que foren del mateix gènere, pot deixar-se obert i discutir sobre el gènere (no inclòs com a variable en la base de dades, caldria incloure'l). En cas que les determinacions de glucosa pre-estimulació mostren valors de glucosa molt alts, davant el dubte de diabetis sub-clínica, caldria substituir al participant. AIXÒ ÉS ESPECIALMENT IMPORTANT EN EL GRUP DE GLUCOSA.
- La participació voluntària de 8 estudiants que actuaran com a experimentadors/es. Aquests/es estudiants han de rebre una tutoria durant la setmana sobre instruccions bàsiques per a les determinacions de glucosa i el registre de la freqüència cardíaca i cadascun d'ells/elles es responsabilitzarà de fer els mesuraments d'un participant. Se'ls subministraran els materials.
- La participació voluntària de 4 estudiants que actuaran com a Investigadors Principals (IPs), la responsabilitat de les quals serà que es complisca el protocol experimental cronometrat de cada grup i que les mesures estiguen completes per a cada subjecte. Acudiran a la tutoria per a resoldre dubtes sobre el protocol experimental. Se'ls subministraran els materials.
- A tot l'alumnat: avisar que han d'acudir amb la fitxa de l'estudiant per a la pràctica (disponible a l'Aula Virtual).
- Pot explicar-se el disseny experimental amb la següent figura (Figura 1) i el protocol experimental, així com les mesures a prendre relatives a codi deontològic per a l'experimentació amb éssers humans i unes certes normes de seguretat per al maneig de mostres de sang capil·lar.

El dia de la pràctica:

- S'indica als participants voluntaris que traguen un paper de la bossa i se'ls assigna el grup al qual pertanyeran.
- S'avisa a els/les estudiants investigadors/es i es distribueixen en els seus respectius grups: cada grup compta amb 2 investigadors/es i 1 IP, tots instruïts/instruïdes en el que han de fer i amb els materials subministrats la setmana prèvia. Als IPs, a més, se'ls donarà els cronòmetres.
- S'assignen els codis a cada participant (els últims 4 números del seu DNI). S'emfatitza la importància de l'anonimat en les bases de dades i les implicacions ètiques i deontològiques del seu incompliment. Un exemple de consentiment informat està disponible en la pàgina web de la Universitat de València en el següent enllaç: https://www.uv.es/comissio-etica-investigacio-experimental/ca/etica-investigacio-humans/formularis.html

- Es preparen 2 botelles xicotetes d'aigua natural que estan a la vista de tot l'estudiantat. En cadascuna d'aquestes botelles es dissolen 10 terrossos de sucre i s'agiten enèrgicament (aquesta quantitat correspon a una mica més de 75 grams de sucre, similar a la quantitat que se subministra en els test orals de tolerància a la glucosa). Es desenganxa l'etiqueta de la botella per a evitar confusions amb les botelles d'aigua sense sucre.

A tots els/les participants:

- Es col·loquen els pulsòmetres o les polseres d'activitat per al registre de la freqüència cardíaca, en cas que també es registre aquesta variable.
- S'inicien els mesuraments basals, que són:
  - o Pes i alçària (mitjançant mesurament o informada pels participants).
  - o L'avaluació de la percepció subjectiva (VAS-PRE)
  - o Un mesurament de glucosa (GLUCOSA 1)
  - o L'avaluació de la memòria (PRE-ESTIMULACIÓ), mitjançant la tasca que es descriu posteriorment.
  - o Si també es registra la freqüència cardíaca, 3 mesures de freqüència cardíaca de les polseres d'activitat per a estimar la mitjana pre-estimulació. En cas d'usar pulsòmetre es pot optar pel registre continu i el posterior processament de dades en l'ordinador.
- Posteriorment s'administra l'estimulació simultàniament a tots els grups, d'acord amb el grup al qual pertanga:
  - o GRUP EXERCICI: se sol·licita a 2 participants que pedalen en el cicloergòmetre el més de pressa que puguen durant 10 minuts (primers 3 minuts sense càrrega amb increments de 20 watt per minut). En cas de no comptar amb cicloergòmetre, se'ls demana que isquen i córreguen durant 10 minuts (els experimentadors i l'IP van amb ells per a marcar-los els temps de tornada a l'aula i mesurar-los la freqüència cardíaca).
  - o GRUP CONTROL: als 2 participants assignats a aquest grup se'ls dona a beure 1 botellín d'aigua a cada participant en xarrups perquè s'esgote l'aigua en 10 minuts. Simultàniament se'ls pren 3 registres de freqüència cardíaca.
  - o GRUP GLUCOSA: als 2 participants assignats a aquest grup se'ls dona a beure 1 botella d'aigua AMB SUCRE en xarrups perquè s'esgote l'aigua en 10 minuts. Simultàniament se'ls pren 3 registres de freqüència cardíaca.
  - o GRUP PSICOSOCIAL: als dos participants d'aquest grup se'ls subministrarà un protocol d'estrès psicosocial, que es descriu posteriorment. Aquesta tasca serà avaluada per tot l'estudiantat i la professora en funció de l'execució i habilitat en l'argumentació. Les avaluacions sobre quin participant ha sigut més hàbil no es faran públiques. Simultàniament se'ls pren 3 registres de freqüència cardíaca.
- A la meitat de l'estimulació o la situació control es prendrà un mesurament intermedi de glucosa (GLUCOSA 2).

- En cas que no es dispose de registre continu de freqüència cardíaca, també es registrarà la freqüència cardíaca 3 vegades per a calcular la mitjana amb major precisió (Freqüència cardíaca 2).
- Immediatament després d'acabar l'estimulació s'avalua l'estat d'ànim (VAS-POST).
- Als 5 minuts d'acabar la tasca es prenen 3 registres seguits de freqüència cardíaca per a calcular la mitjana i es torna a mesurar la glucosa (GLUCOSA 3).
- Si hi haguera períodes d'espera, altres estudiants poden participar durant aquests intervals en la correcció de les escales VAS i en la introducció de les dades en la base de dades que estarà exposada en la pantalla.
- Als 20 minuts d'acabada la tasca es torna a realitzar l'avaluació de la memòria (en aquest cas, POST-ESTIMULACIÓ), mitjançant la tasca que descriu posteriorment.

Després de la pràctica:

A partir de l'anàlisi dels resultats de la pràctica, has de lliurar la **Memòria de Resultats**, el format bàsic dels quals i criteris de valoració trobaràs posteriorment.

Figura 1: Esquema del disseny experimental de la pràctica.

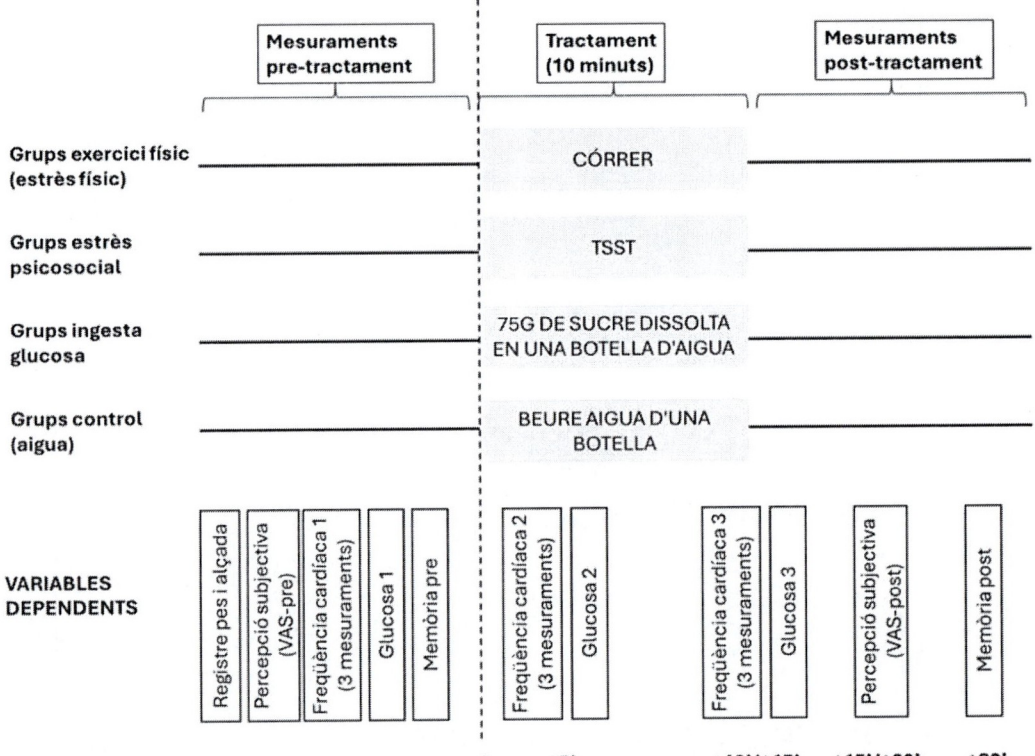

Protocol Experimental

CODI PARTICIPANT: _____

TEMPS	ESDEVENIMENT	DADES
	Posar pulsòmetre o polsera d'activitat	
	Pesar i mesurar	**Pes:** _____ **Alçada:** _____
	Percepció subjectiva PRE	
	Mesurament FC 1	**FC1a:** _____ **FC1b:** _____ **FC1c:** _____
	Glucosa 1	**GL1:** _____
	Avaluació de la memòria PRE	**Respostes correctes directe:** _____ **Respostes correctes invers:** _____
0 (inicio)	COMENÇA TRACTAMENT EXPERIMENTAL/CONTROL	
+5'	Mesurament FC 2 Glucosa 2	**FC2a:** _____ **FC2b:** _____ **FC2c:** _____ **GL2:** _____
	FI TRACTAMENT EXPERIMENTAL/CONTROL	
+10'/+15'	Mesurament FC 3 Glucosa 3	**FC3a:** _____ **FC3b:** _____ **FC3c:** _____ **GL 3:** _____
+15'/+20'	Percepció subjectiva POST	
+30	Avaluació de la memòria POST	**Respostes correctes directe:** _____ **Respostes correctes invers:** _____

Valoració de l'estat d'ànim

CODI PARTICIPANT: _____   MOMENT: _____

A continuació, tens un llistat d'adjectius d'estat d'ànim i, sota d'ells, trobaràs una línia que va des de 0 (no et sents gens així) fins a 100 (et sents completament així). Per favor, marca amb una creu sobre la línia la intensitat amb què sents aquest estat d'ànim en aquest moment:

Estressat

0   100

‖---‖

Tens

0   100

‖---‖

Ansiós

0   100

‖---‖

Fatigat

0   100

‖---‖

Trist

0   100

‖---‖

Content

0   100

‖---‖

Vigorós

0   100

‖---‖

GRÀCIES

Prova de memòria de treball (Wechsler, 2012)

Procediment:

- Els dígits han de dir-se a raó d'un per segon. En finalitzar una sèrie, ha de fer-se una pausa per a permetre que el subjecte responga.
- Mai repetir un intent. Si el subjecte demana que se li repetisca, dir: "No puc repetir la sèrie. Intenta fer la tasca el millor que pugues".

Criteri de terminació: En cada tasca (dígits en ordre directe i dígits en ordre invers), hem de finalitzar l'administració si el subjecte fracassa en els dos intents del mateix ítem.

Puntuació: S'atorga 0 o 1 punt a cada intent. Se suma la puntuació total de cada tasca (puntuació màxima de 16 punts). Es computa la puntuació total de les dos tasques.

Dígits en ordre directe:

"Ara et llegiré alguns números. Escolta amb atenció perquè només puc llegir-los una sola vegada. Quan acabe, vull que els repetisques exactament en el mateix ordre. Dis-los tal com els he dits".

Ítem	Intent	Resposta	Puntuació intent
1	9-7		0/1
	6-3		0/1
2	5-8-2		0/1
	6-9-4		0/1
3	7-2-8-6		0/1
	6-4-3-9		0/1
4	4-2-7-3-1		0/1
	7-5-8-3-6		0/1
5	3-9-2-4-8-7		0/1
	6-1-9-4-7-3		0/1
6	4-1-7-9-3-8-6		0/1
	6-9-1-7-4-2-8		0/1
7	3-8-2-9-6-1-7-4		0/1
	5-8-1-3-2-6-4-7		0/1
8	2-7-5-8-6-3-1-9-4		0/1
	7-1-3-9-4-2-5-6-8		0/1

Puntuació (màxim = 16):_____

Prova de memòria de treball (Wechsler, 2012)

Dígits en ordre invers:

"Ara també et llegiré uns números, però en aquest cas vull que, quan jo acabe, els repetisques en ordre invers. Per exemple, si dic 7-1, què respons?"

Resposta correcta: 1-7. Dir "Bé". Aplicar l'intent 2 de l'ítem exemple.

Resposta incorrecta. Dir "No exactament. Jo he dit "7-1", llavors, per a dir-los en ordre invers, ha de respondre "1-7". Aplicar l'intent 2 de l'ítem exemple.

"Provem amb altres números. Recorda que has de dir-los en ordre invers: 3-4.

Resposta correcta: 4-3. Dir "Bé. Provem amb altres números". Aplicar l'intent 1 de l'ítem 1.

Resposta incorrecta. Dir: "No exactament. Jo he dit "3-4", llavors, per a dir-los en ordre invers, ha de respondre "4-3". Provem amb altres números. Aplicar l'intent 1 de l'ítem 1.

Ítem	Intent	Resposta correcta	Resposta	Puntuació intent
Exemple	7-1	1-7		-
	3-4	4-3		-
1	3-1	1-3		0/1
	2-4	4-2		0/1
2	4-6	6-4		0/1
	5-7	7-5		0/1
3	6-2-9	9-2-6		0/1
	4-7-5	5-7-4		0/1
4	8-2-7-9	9-7-2-8		0/1
	4-9-6-8	8-6-9-4		0/1
5	6-5-8-4-3	3-4-8-5-6		0/1
	1-5-4-8-6	6-8-4-5-1		0/1
6	5-3-7-4-1-8	8-1-4-7-3-5		0/1
	7-2-4-8-5-6	6-5-8-4-2-7		0/1
7	8-1-4-9-3-6-2	2-6-3-9-4-1-8		0/1
	4-7-3-9-6-2-8	8-2-6-9-3-7-4		0/1
8	9-4-3-7-6-2-1-8	8-1-2-6-7-3-4-9		0/1
	7-2-8-1-5-6-4-3	3-4-6-5-1-8-2-7		0/1

Puntuació (màxim = 16):_____

Estressor psicosocial

INSTRUCCIONS PER ALS I LES PARTICIPANTS: "A continuació, us deixaré temps perquè prepareu una discussió en la qual cadascun de vosaltres defensarà una postura. Tu (s'assenyala a un participant) defensaràs l'adequat que et sembla que aquesta assignatura es trobe en aquest pla d'estudis i l'apropiat dels continguts i la metodologia emprada en ella. I tu (a l'altre participant) defensaràs que és inapropiat que aquesta assignatura s'impartisca en aquesta titulació i pots al·ludir tant als continguts com a la metodologia docent. Defensareu les vostres postures en torns de 30 segons cadascun davant de tots els companys i companyes i la professora. Posteriorment, se us demanarà que feu una tasca aritmètica també en públic. Totes les persones assistents avaluaran el vostre rendiment i habilitat, quedant un/a vencedor/a i un/a derrotat/derrotada. Ara prepareu les vostres intervencions en solitari".

Se'ls deixa així 3 minuts (resposta anticipatòria). Acabat el temps se'ls acompanya al lloc de la professora a l'aula dempeus i se'ls demana durant 5 minuts que inicien la discussió en torns de 30 segons cadascun (els/les estudiants experimentadors/es donen els torns de paraula). A continuació, se li demana a cada participant que compte cap arrere en veu alta. Un d'ells ha de comptar cap arrere de 7 en 7 des del 1324 i a l'altre de 9 en 9 des del 1324. Cada error és avisat en veu alta per el/la estudiant experimentador/a i diu "torna a començar". Aquesta tasca dura 2 minuts. Després, els/les participants tornen als seus seients per a la resta de mesuraments.

Respostes correctes de la tasca aritmètica

DESCOMPTANT 7: 1324, 1317, 1310, 1303, 1296, 1289, 1282, 1275, 1268, 1261, 1254, 1247, 1240, 1233, 1226, 1219

DESCOMPTANT 9: 1324, 1315, 1306, 1297, 1288, 1279, 1270, 1261, 1252, 1243, 1234, 1225, 1216, 1207, 1198, 1189

INFORME D'INVESTIGACIÓ

Criteris de valoració (0,25 per criteri):

- Coherència entre els apartats.
- Ordre i claredat en l'exposició de les idees.
- Precisió en el llenguatge propi del tema.
- Forma: correcció en l'expressió, ortografia, cites i referències.

COGNOMS, NOM

JUSTIFICACIÓ DE LES HIPÒTESIS (MÀXIM 250 PARAULES, ALMENYS 3 CITES)

OBJECTIUS I HIPÒTESIS (MÀX. 75 PARAULES)

PROCEDIMENT (MAX. 100 PARAULES)

RESULTATS (MÀXIM 250 PARAULES, 3 FIGURES I 2 TAULES)

CONCLUSIONS (MÀXIM 75 PARAULES, COMPARAR AMB ALTRES ESTUDIS)

REFERÈNCIES (ALMENYS 3)

Materials per a la pràctica considerant 4 grups:

- 4 còpies de la fulla de protocol experimental, una per grup.
- 16 còpies de l'escala d'estat d'ànim. Cada línia d'aquesta escala està formada per 100 guions per a poder comptar puntuacions en absència de regles.
- 4 còpies de la fulla Excel per a les dades.
- 4 còpies de la prova de memòria.
- 4 cronòmetres, un per cada grup.
- 8 pulsòmetres o polseres d'activitat amb capacitat per a mesurar freqüència cardíaca.
- 8 glucòmetres amb els seus corresponents dispositius per a llancetes.
- 24 tires reactives (si es disposa d'alguna més per a determinacions fallides, millor).
- 24 llancetes (si es disposa d'alguna més per a determinacions fallides, millor).
- 20 terrossos de sucre.
- 4 botelles d'aigua natural.
- Cotó i alcohol.
- Guants.
- Contenidor de seguretat biològica (disponible per a arreplegar en la Unitat de Laboratoris).
- 1 bossa opaca amb 8 paperets: en 2 d'ells posa GRUP CONTROL, en 2 GRUP GLUCOSA, en 2 FÍSICO i en els altres 2 PSICOSOCIAL.

Materials opcionals:

- 1 bàscula.
- 1 tallímetre.
- 2 cicloergòmetres.

INFORMACIÓ PER AL PROFESSORAT

Materials estimats per a 4 grups. Calcular proporcionalment en cas que el nombre de grups siga major. Pot realitzar-se amb grups de 5 estudiants sempre que als IPs dels equips se'ls incloga en una tutoria prèvia.

Pràctica 11. Cas clínic

Ubicació en el temari. En el temari, aquesta pràctica està associada als continguts del Tema 6 per la seua relació amb els correlats hormonals de l'estat d'ànim.

Objectiu. La present pràctica pretén abordar, des d'una perspectiva aplicada, els correlats hormonals de l'estat d'ànim en estats desajustats de salut. L'objectiu general de la present pràctica consisteix en el fet que l'estudiantat aplique els coneixements sobre hormones i estat d'ànim a un cas clínic, d'acord amb el rol del psicòleg/psicòloga.

Instruccions. Lee el següent cas clínic i respon a les preguntes.

CAS CLÍNIC

Dona de 36 anys, amb formació universitària, treballadora, d'estrat socioeconòmic mitjà, casada, sense diagnòstic psiquiàtric previ, aparentment sana, primípara, sense complicacions en l'embaràs ni en el part, amb cinc setmanes de puerperi. El disseny de la investigació és de tipus experimental, longitudinal, prospectiu i comparatiu (abans-després).

Ginecologia i obstetrícia

Avaluació i tractament dels problemes endocrins o gineco-obstètrics del postpart, sobretot, el possible desequilibri hormonal, que és un del factors bioquímics que pot coexistir. A la pacient se li van realitzar les següents proves:

1) Cortisol en sèrum (com a indicador biològic de l'estrès crònic abans i després dels tractaments). S'avalua per a registrar els canvis de la seua concentració en la sang perquè el clínic puga tenir informació del funcionament del psicofàrmac.

2) Perfil hormonal de les concentracions d'estradiol, progesterona i prolactina.

3) Anàlisi de química sanguínia per determinar l'homeòstasi de la pacient, amb especial èmfasi en l'estudi de la glucosa en sang per descartar diabetis.

4) Ultrasò, per a descartar alteracions estructurals de l'úter i de l'ovari que no s'hagen detectat prèviament, com miomatosi o tumors d'ovari i que pogueren donaren ocasionar alguna alteració hormonal.

Paidopsiquiatria

Avaluació de la interacció matern-infantil mitjançant l'escala d'interacció matern-infantil (*Bethlem Mother-Infant Interaction Scale*) de Kumar-Hypwell que analitza la qualitat i quantitat de la interacció matern-infantil. Avalua el contacte visual, físic i verbal, l'estat d'ànim, la rutina general, el risc per a l'infant i la condició d'aquest.

Psiquiatria

Es va realitzar una història clínica psiquiàtrica, amb els criteris establits pel Manual *diagnòstic i estadístic dels trastorns mentals* (DSM-IV-TR). Es va avaluar la indicació del medicament antidepressiu (clorhidrat de paroxetina a la dosi de 20 mg diaris, durant sis mesos). Durant l'estada hospitalària es va vigilar a la pacient, i en el moment de l'alta hospitalària, se'l va citar per a revisió periòdica durant sis mesos.

Psicologia

Escala perinatal d'Edinburgh. Escala d'estrès subjectiu (Levenstein's Perceived Stress Questionnaire). Qüestionari d'avaluació del son (Pittsburg Sleep Diary) de Monk i Reynolds. *Proves projectives de la personalitat.* Test de l'arbre, casa i persona (*House, Tree and Person*), Test del dibuix de la persona humana (Machover), Test de la parella en interacció i Test desideratiu.

Es van realitzar sessions diàries d'una hora de duració de psicoteràpia cognitiu-conductual. El tractament cognitiu-conductual dissenyat va ser intensiu, es realitza almenys cinc dies hàbils si es requereix d'hospitalització breu i màxim 10 dies, quan el cas així ho requerisca.

Es va establir el pla de treball cognitiu del tractament, que va consistir de cinc passos. En el primer, es va realitzar una història de vida psicològica de la pacient. En el segon, es va treballar mitjançant informació sobre factors neurobioquímics, estrès i pressions socials, però no a deficiències psicològiques personals. Això va ajudar a disminuir la depressió, l'ansietat i la culpa. En el tercer pas, es va educar a la pacient per a distingir les distorsions en el seu pensament i les relacions que aquest guarda amb les seues emocions i la seua conducta. En el quart pas es va educar a la pacient per a la cerca de proves objectives, a favor i en contra, que les seues idees irracionals exacerben la depressió. Aquestes idees irracionals es van sotmetre a una prova de realitat per a verificar la realitat o distorsió d'aquestes. I, finalment, en el cinquè pas, considerant l'après en el pas anterior, es va realitzar la re-avaluació de les situacions actuals, cercant la part útil de l'experiència. El tractament conductual es va reforçar amb sessions de relaxació, per a afavorir la reducció important de l'estrès.

Pediatria

Vigilància i control diari durant l'hospitalització conjunta del lactant, sobretot observació directa de possibles efectes adversos, si la mare està lactant mentre pren antidepressius. El pla setmanal va consistir en un enfocament d'informació i aprenentatge en el maneig del lactant sa.

RESULTATS

Totes les especialitats participants van fer avaluacions abans i després del tractament. Amb aquestes dades es van realitzar les diferents accions terapèutiques per especialitat i es van obtenir els següents resultats:

Tractament gineco-obstètric. Els estudis de laboratori van llançar els resultats que s'assenyalen en el Quadre 1.

A causa de la disminució de les concentracions hormonals i per a regular els seus cicles menstruals, el ginecòleg especialitzat li va indicar acetat de clormadinona (2 mg) i mestranol (80 mg) durant 20 dies, als tres mesos del part. En acabar aquest tractament, i a causa de la negativa de la pacient a tenir relacions sexuals pel temor a un nou embaràs i, sobretot, tornar a patir els símptomes depressius, se li va suggerir l'anticoncepció oral amb levonogestrel (0.15 mg) i etinilestradiol (0.03 mg). Posteriorment, es van tornar a valorar les concentracions hormonals que van demostrar una millora important de les concentracions d'estradiol i prolactina (Quadre 1). També se li va indicar tractament específic per a flora bacteriana mixta, pel fet que en la biòpsia de fons de sac vaginal es va apreciar inflamació crònica inespecífica subepitelial.

Quadre 1. Resultat d'alguns valors de la química sanguínia i estudis independents d'hormones

Estudi	Primera valoració	Segona valoració	Valor de referència
Cortisol en sèrum	800 nmol/L	546 nmol/L	126-662 nmol/L
Glucosa en sang	81.0 mg/dl	74.0 mg/dl	70-108 mg/dl
Prolactina	447 mUI/L	Sense reactiu	21.2-610 mUI/L
Estradiol	< 73.4 pmol/L	218 pmol/L	111-962 pmol/L
Progesterona	< 0.636 nmol/L	1.69 nmol/L	F.F.:1.0-6.3,F.L. 12.9-69 nmol/L

En els estudis d'ultrasonografia es van trobar signes compatibles amb mioma, encara que sense relació amb el seu problema hormonal. A la pacient se li va donar assessoria específica per part de la mèdica perinatòloga, per al maneig d'aquesta problemàtica.

Tractament psiquiàtric i psicològic. Els resultats de la valoració psiquiàtrica realitzada d'acord amb el Manual diagnòstic i estadístic de l'Associació Psiquiàtrica Estatunidenca (DSM-IV-TR) (Quadre 2).

D'acord amb els resultats anteriors i les dades que va llançar l'estudi de cortisol, que en principi va mostrar concentracions molt elevades, indicadores d'estrès (Quadre 1), es va confirmar el diagnòstic; per això, se li van indicar a la pacient 20 mg al dia de clorhidrat de paroxetina. La millora clínica esperada es va apreciar després de 20 dies, com és característic amb els inhibidors selectius de la recaptació de serotonina. Es va administrar durant sis mesos, d'acord amb l'evolució. Mentre va estar hospitalitzada se li va vigilar; després d'eixir de l'hospital se'l va citar per a revisió cada 15 dies. Per la franca disminució dels símptomes ansiosos i depressius les consultes es van espaiar a una per mes en el lapse de sis mesos (Quadre 2).

Quadre 2. Avaluació psiquiàtrica segons el *Manual diagnòstic i estadístic dels trastorns mentals (DSM-IV-TR)*

Diagnòstic DSM-IV-TR	Avaluació inicial	Avaluació final
Estat d'ànim	Trist, amb pèrdua d'interès per activitats habituals	Més relaxat, amb major interès per activitats habituals
Sentiment d'inutilitat i autoretret	Present	Absent
Capacitat de concentració i pensament	Reduïda	Normal
Psicomotricitat	Lenta	Normal
Apetit	Disminuït	Normal
Son	Hipersòmnia	Normal
Plor	Freqüent	Esporàdic
Irritabilitat	Freqüent	Esporàdica
Ansietat	Molt elevada, amb atacs de pànic	Moderada
Pensaments obsessius	Freqüents	Esporàdics
Pensaments de mort	Esporàdics	Absents
Pensaments de mal al fill	Cap	Cap
Capacitat per a la cura del fill	Disminuïda	Millora important

Els resultats de les avaluacions psicològiques es mostren en el Quadre 3.

Quadre 3. Valoracions psicològiques segons l'Escala Perinatal d'Edinburgh, *l'Escala d'Estrès Percebut, **el Qüestionari d'Avaluació del Somni*** i l'Escala d'Interacció Matern-Infantil****

Prova aplicada	Avaluació inicial	Avaluació final
Quantificació de la depressió postpart *	Depressió moderada	Sense depressió
Estrès subjectiu **	Estrès molt elevat	Estrès moderat
Avaluació del son ***	Reduïda quantitat i qualitat	Normal quantitat i qualitat
Vincle matern-infantil****	Afectació lleu	Sense afectació

Considerant les dades prèvies, es va dissenyar el pla terapèutic i de relaxació per a aquesta pacient. En el model cognitiu-conductual el primer dia es va trobar amb un grau d'ansietat important. Posterior a la "desmitificació" del trastorn es va advertir la disminució de l'ansietat i del seu sentiment de culpa.

La pacient es va mostrar cooperadora amb l'aprenentatge dels conceptes de la teràpia i l'evolució es va orientar cap a la millora clínica. La teràpia de relaxació es va realitzar mitjançant imatgeria, amb bon grau de profunditat i amb notòria disminució de l'estrès.

Tractament paidopsiquiàtric. El metge especialista va indicar, després de la valoració de la interacció, recomanacions específiques per a millorar la qualitat del vincle matern-infantil; entre les més rellevants van estar: promoure el contacte verbal i visual amb la menor, així com dessensibilitzar els temors materns en la cura de la seua filla, àrees en les quals va obtenir puntuació baixa (Quadre 3).

Tractament pediàtric. Com que en l'exploració física no es van trobar alteracions i el desenvolupament neurològic era congruent amb l'edat, se li va tractar com a qualsevol lactant sa; no obstant això, en la valoració inicial se li va trobar irritable, estrenyida i amb poc aliment. Al final de la segona setmana d'ingrés es va advertir que s'havia alimentat millor, defecava amb regularitat i estava menys irritable.

Activitat. A partir del cas clínic presentat, contesta a les següents qüestions:
1. Quines altres hormones hauries mesurat i per què?

2. Resumeix les alteracions endocrines en hormones sexuals i glucocorticoides observades en la pacient.

3. Estableix un diagnòstic del cas.

4. Enumera les dades concretes que t'han portat a aquest diagnòstic.

5. Redacta un breu informe diagnòstic raonat (màxim 400 paraules, aproximadament una pàgina en Times New Roman, 12 punts amb 1.5 punts d'interlineat).

Per a més informació, es pot consultar la referència:

Arranz, L.C., Aguirre, W., Ruiz, J. et al. (2008). Enfoque multidisciplinario en la depresión posparto. *Ginecología y Obstetricia de México, 76*(6), 341-348.

Pràctica 12. Hormones i memòria

Ubicació en el temari. La present activitat es relaciona amb el Tema 2 per l'administració farmacològica de compostos tiroidals, així com amb els continguts del Tema 7, ja que s'estudia els efectes d'aquesta administració sobre processos de memòria i aprenentatge.

Plantejament. Metodològicament, la present pràctica pot ajudar-te a conèixer l'estructura i continguts de cadascun dels apartats d'un treball de recerca. De fet, l'activitat que es proposa suposa escriure un xicotet article, completant alguna de les seues parts. Encara que aquest esquema és especialment vàlid per a treballs experimentals, pot ajudar-te en la configuració d'altres treballs de recerca teòrics. En els següents enllaços pots trobar guies de lliure accés sobre què ha d'incloure's en cadascun dels apartats d'un treball de recerca i recomanacions d'estil.

- ✓ http://www.cienciapsicologica.org/contenidos/aacp_guia_de_redaccion_cienti fica.pdf
- ✓ http://www.redalyc.org/pdf/551/55152796001.pdf

En termes de continguts, coneixeràs els efectes de la manipulació dels nivells d'hormones tiroidals sobre els processos cognitius en éssers humans.

Objectiu. Aquesta pràctica pretén que l'alumnat constate l'impacte dels nivells hormonals sobre l'execució en tasques de memòria en éssers humans. Així mateix, permet que l'estudiant adquirisca competències relacionades amb altres assignatures del curs, com ara Psicofarmacologia i el Treball de Fi de Grau.

Activitat. A continuació, trobaràs els apartats d'un article científic, redactats de manera incompleta. Has de completar els apartats seguint les instruccions i tasques incloses en cada part.

Títol

(encara que és el primer que es llig, es recomana completar-ho al final)

Resum

(màxim 200 paraules, també ha de completar-se al final perquè ha de contenir informació de tots els apartats del treball, des de la introducció a les conclusions)

INTRODUCCIÓ

Tasca: cerca treballs que avalen aquestes afirmacions i inclou la cita al final de la frase. Es recomana guardar la referència d'aquestes cites perquè es necessiten per a apartats posteriors. Completa amb les teues paraules les idees que s'enuncien en els espais previstos per a això.

Les hormones tiroidals són importants moduladors de la funció cognitiva tant en l'edat adulta com en el desenvolupament cerebral durant etapes crítiques del desenvolupament prenatal (_____, inclou ací la/les cita/es). Encara que els efectes d'una alteració hormonal són més dramàtics quan aquests es donen en etapes crítiques del desenvolupament, diversos treballs han relacionat també la funció tiroidal amb processos cognitius en l'edat adulta (_____, cites).

En casos d'hipertiroïdisme, els símptomes inclouen, entre altres, una reducció de la concentració i de l'execució en tasques de memòria (_____, cites).

(afig més informació relativa amb aquesta idea)

No obstant això, hi ha poca evidència sobre els efectes sobre la funció cognitiva de canvis subtils en els nivells d'hormones tiroidals en l'edat adulta i els mecanismes hormonals no estan del tot clars. De fet, s'ha trobat que la tirotoxicosis dona lloc a millores (Crusio i Schwegler, 1991; Samuels et al., 2008), empitjoraments (Bauer et al., 2008; Reitan, 1958; Rei, 1958) i absència de canvis (Roberts et al., 2006) en memòria. Per això, l'objectiu del present estudi consisteix a examinar els efectes de l'administració exògena d'hormones tiroidals sobre la memòria de treball usant una tasca n-back. Aquesta tasca ha resultat útil per a descriure alteracions cognitives subtils i disfunció prefrontal (_____, cita/es).

MATERIAL I MÈTODES

Participants

Les dades van ser adquirides en la Universitat de Lübeck. Per a aquest estudi es van reclutar 29 homes sans, destres (rang d'edat 21-49 anys, mitjana 30 anys, SD 7.33). Un participant va ser exclòs per la seua pràctica intensa de culturisme i l'ús d'hormones esteroidals. Els participants van ser examinats mèdicament i es va realitzar un historial que incloïa ús de drogues, alteracions tiroidals o alteracions cognitives o de l'estat d'ànim. Tots els participants tenien nivells normals d'hormones tiroidals abans de l'estudi. El Comitè Ètic de la Universitat de Lübeck va aprovar el procediment experimental i tots els participants van signar el consentiment informat per a la seua participació. L'estudi es va realitzar d'acord amb la Declaració de Hèlsinki per a experimentació amb éssers humans.

Procediment

Es van dur a terme dues sessions experimentals idèntiques abans i després de l'administració de 250 µg de L-thyroxine per dia durant 8 setmanes. No es va prendre una altra medicació entre aquestes dues sessions. En totes dues sessions, els participants van fer una tasca n-back en un disseny de blocs amb tres condicions. En la condició 0-back, els participants havien de pressionar un botó quan veien una lletra prèviament especificada. Això servia com a condició línia base. En la condició 1-back, el botó ha d'estrènyer-se quan la lletra era idèntica a la lletra prèvia a l'especificada. En la condició 2-back, els participants havien de pressionar el botó quan la lletra fora idèntica a la vista 2 lletres abans. Les lletres apareixien durant 600 mil·lisegons amb un interval de 800 mil·lisegons. Cada bloc conté 22 estímuls que inclouen 3 lletres diana. Abans de cada bloc, es donava instruccions als participants sobre la condició (0-back, 1-back, 2-back). Es van presentar 4 blocs per cada condició.

Variables

La bateria neuropsicològica utilitzada per a avaluar els canvis en diferents dominis cognitius abans i després del tractament incluía les següents proves:
Tasca de xarxa atencional (Attention Network Task, ANT). Avalua un nombre de mesures atencionals en una única tasca (Steer et al., 1999; Schmitz et al., 2000), com ara l'alerta, orientació i orientació espacial.
La prova Go/Nogo avalua ...

(cerca en què consisteix aquesta prova i què avalua i completar)

La tasca d'atenció dividida avalua l'habilitat per a focalitzar l'atenció en sèries d'estímuls auditius i visuals.

La tasca d'interferència estima la flexibilitat per a canviar entre diferents estímuls i avalua l'eficàcia en el control de funcions executives.

Tasca n-back per a l'avaluació de la memòria de treball.

El Trail-Making Test (TMT) és …

(cerca en què consisteix aquesta prova i què avalua i completar)

El test d'aprenentatge verbal auditiu (Auditory Verbal Learning Test, AVLT; Rey, 1958) …

(cerca en què consisteix aquesta prova i què avalua i completar)

Per a avaluar l'estat d'ànim i el benestar emocional es van utilitzar les següents proves:

El test de Depressió de Beck (versió alemanya; Kuhner et al., 2007) que avalua…

(cerca en què consisteix aquesta prova i què avalua i completar)

Perfil d'estat d'ànim (versió alemanya; Dalbert, 1992) que consisteix en …

(cerca en què consisteix aquesta prova i què avalua i completar)

RESULTATS

El tractament farmacològic va ser efectiu a produir una tirotoxicosis mitjana, tal com pot apreciar-se en la Taula 1. De fet, els nivells de …

(Completar observant la taula)

Respecte a l'execució en les tasques d'atenció, …

(Completar observant la taula)

Els resultats relatius a l'execució en la memòria de treball i aprenentatge mostren que …

(Completar observant la taula)

Respecte al estat d'ànim, …

(Completar observant la taula)

Taula 1. Descriptius (mitjanes i desviació), proves *t* i significació de les variables hormonals i neuropsicològiques per a la condició eutiroidea i hipertiroidal dels participants. RT = temps de reacció, RC = respostes correctes, ms = mil·lisegons, m = segons, n.s. = no significatiu.

	Estat eutiroideo Mitjana	Estat hipertiroidal Mitjana	*t*	*p*
Mitjana nivells TSH	2.21 (SD 1.27, n = 21)	0.02 (SD 0.02, n = 24)		<0.001
Mitjana nivells T3 lliure	4.71 (SD 0.89, n = 21)	7.44 (SD 2.49, n = 24)		<0.001
Mitjana nivells T4 lliure	15.78 (SD 2.51, n = 21)	31.33 (SD 8.17, n = 24)		<0.001
ANT Alerta (ms)	27.9 (SD 17.9)	40.2 (SD 16.6)	3.8	<0.001
ANT Orientació (ms)	4.2 (SD 13.6)	4.1 (SD 11.6)	-0.03	n.s.
ANT funció executiva (ms)	87.3 (SD 29.6)	80.8 (SD 12.9)	-1.2	n.s.
TAP RT memòria de treball (ms)	626 (SD 119)	637 (SD 124)	0.74	n.s.
TAP RT interferència (ms)	429 (SD 79)	454 (SD 81)	1.91	0.06
TAP RT atenció dividida auditiva (ms)	546 (SD 89)	545 (SD 76)	-0.04	n.s.
TAP RT atenció dividida visual (ms)	736 (SD 78)	730 (SD 101)	-0.39	n.s.
TAP RT GoNogo (ms)	522 (SD 54)	528 (SD 65)	0.54	n.s.
TAP N memòria de treball (RC)	13.6 (SD 2.2)	14.0 (SD 1.2)	0.77	n.s.
TAP N interferència (RC)	17.3 (SD 3.3)	17.9 (SD 0.2)	1.05	n.s.
TAP N tasca dual auditiva (RC)	15.6 (SD 0.5)	15.25 (SD 1.2)	-1.43	n.s.
TAP N tasca dual visual (RC)	16.4 (SD 1.4)	16.68 (SD 0.7)	1.36	n.s.
TAP N GoNogo (RC)	22.7 (SD 4.1)	23.9 (SD 0.4)	1.59	n.s.
TMT A (s)	20.6 (SD 5.8)	18.4 (SD 5.3)	-1.6	n.s.
TMT B (s)	48.4 (SD 21.2)	52.7 (SD 29.1)	0.76	n.s.
VLMT habilitat d'aprenentatge	12.44 (SD 2.6)	13.67 (SD 1.7)	3.51	0.001
VLMT taxa d'aprenentatge	54.59 (SD 10.8)	59.52 (SD 8.4)	2.6	0.014
VLMT llista d'interferència	0.04 (SD 1.09)	1.12 (SD 1.07)	4.07	<0.001
VLMT interferència temporal	0.04 (SD 1.2)	1.58 (SD 2.3)	3.11	0.004
Puntuació BDI	1.74 (SD 2.3)	2.66 (SD 3.1)	1.8	
ASTS Tristesa	3.44 (SD 1.2)	3.52 (SD 1.4)	0.2	n.s.
ASTS Desesperança	3.15 (SD 0.4)	3.41 (SD 1.5)	0.9	n.s.
ASTS Cansament	9.56 (SD 4.7)	10.78 (SD 5.1)	1.3	n.s.
ASTS Còlera	3.3 (SD 0.8)	3.22 (SD 1.15)	-0.26	n.s.
ASTS Estat d'ànim positiu	17.22 (SD 4.8)	18.69 (SD 4.52)	1.2	n.s.

DISCUSSIÓ

D'acord amb l'objectiu del present estudi, els resultats mostren que ...

(Resumeix els resultats responent en un paràgraf a la pregunta o objectiu de l'estudi)

De fet, els resultats mostren que ...

(Ara pots entrar en el detall dels resultats per apartats. Procura conservar l'ordre en el qual els has exposats en l'apartat de Resultats)

Aquests resultats concorden amb els trobats per ...

(Compara els teus resultats amb els dels autors que has citat en la Introducció, dient amb quins treballs coincideixen i amb quins no. Amb els quals no coincidisquen, pots apuntar a possibles raons d'aquesta discrepància, per exemple, possibles diferències en les característiques de la mostra entre l'altre estudi i aquest, diferències en els instruments de mesura entre els estudis, etc.).

El present estudi compta amb unes certes limitacions. En primer lloc, ...

(No hi ha estudis perfectes, tot és millorable. Ací pots apuntar possibles limitacions de l'estudi)

Malgrat aquestes limitacions, els resultats són rellevants …

(Acaba destacant per què són importants els resultats obtinguts per a l'avanç del coneixement o per a l'acompliment professional del/la psicòleg/a. També pots comentar si consideres que es requereix més investigació en la matèria)

REFERÈNCIES

Bauer M, Goetz T, Glenn T, Whybrow PC (2008) The thyroid-brain interaction in thyroid disorders and mood disorders. J Neuroendocrinol 20: 1101–1114.

Crusio WE, Schwegler H (1991) Early postnatal hyperthyroidism improves both working and reference memory in a spatial radial-maze task in adult mice. *Physiol Behav* 50: 259–261.

Dalbert C (1992) Subjektives Wohlbefinden junger Erwachsener: Theoretische und empirische Analysen der Struktur und Stabilität. 207–220

Kuhner C, Burger C, Keller F, Hautzinger M (2007) [Reliability and validity of the Revised Beck Depression Inventory (BDI-II). Results from German samples]. Nervenarzt 78: 651–656.

Reitan R (1958) Validita of the trail making test as an indication of organic brain damage. Perceptiu and Motor Skills 8: 271–276.

Rei A (1958) L'examen clinique en psychologie / The clinical examination in psychology. Oxford, England: Presses Universitaries De France.

Roberts LM, Pattison H, Roalfe A, Franklyn J, Wilson S, et al. (2006) Is subclinical thyroid dysfunction in the elderly associated with depression or cognitive dysfunction? Ann Intern Med 145: 573–581.

Samuels MH, Schuff KG, Carlson NE, Carello P, Janowsky JS (2008) Health estatus, mood, and cognition in experimentally induced subclinical thyrotoxicosis. *J Clin Endocrinol Metab* 93: 1730–1736.

Schmitz N, Hartkamp N, Kiuse J, Franke GH, Reister G, et al. (2000) The Symptom Check-List-90-R (SCL-90-R): a German validation study. Qual Life Cap de bestiar 9: 185–193.

Steer RA, Clark DONA, Beck AT, Ranieri WF (1999) Common and specific dimensions of self-reported anxiety and depression: the BDI-II versus the BDI-IA. Behav Cap de bestiar Ther 37: 183–190.

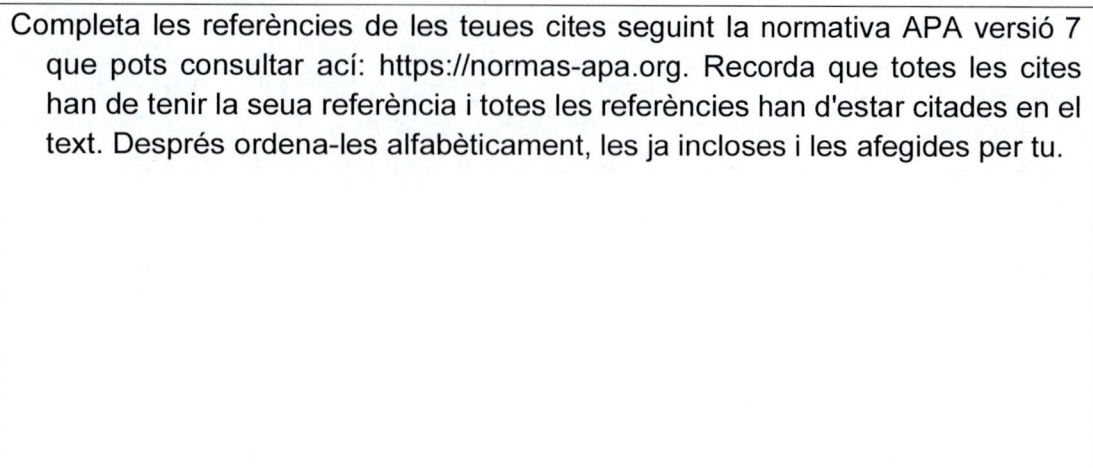

Completa les referències de les teues cites seguint la normativa APA versió 7 que pots consultar ací: https://normas-apa.org. Recorda que totes les cites han de tenir la seua referència i totes les referències han d'estar citades en el text. Després ordena-les alfabèticament, les ja incloses i les afegides per tu.

Pots trobar informació addicional en la publicació completa de la qual s'ha extret aquesta activitat:

Göbel A, Heldmann M, Göttlich M, Dirk A, Brabant G, Münte TF (2016) Effect of Mild Thyrotoxicosis on Performance and Brain Activations in a Working Memory Task. PLOS ONE 11(8): e0161552. https://doi.org/10.1371/journal.pone.0161552

Pràctica 13. L'HormOlimpíada

Ubicació en el temari. Es recomana la realització d'aquesta activitat en finalitzar el temari de l'assignatura. També pot realitzar-se en finalitzar cada tema.

Objectiu. Lograr que l'alumnat es motive per estudiar els continguts de l'assignatura sense posposar-ho als períodes previstos a les convocatòries d'exàmens oficials. També proporciona *feedback* immediat sobre el resultat del seu aprenentatge.

Instruccions. Es distribueix a la classe en grups de 5/6 persones. Cada membre del grup prepararà durant la setmana prèvia a l'HormOlimpíada, almenys, 3 preguntes tipus test de triple alternativa, en les quals haurà de tindre clara la resposta correcta, per a donar la solució com a correcta o com incorrecta. Així, el seu grup tindrà almenys 15 preguntes amb les quals competir. Les preguntes hauran de poder ser respostes amb el material vist en classe fins al dia de l'HormOlimpíada i sense necessitat que siguen d'un tema concret, sinó relacionant continguts de diferents temes teòrics o pràctics de l'assignatura.

Les Normes de l'HormOlimpíada s'exposen a continuació

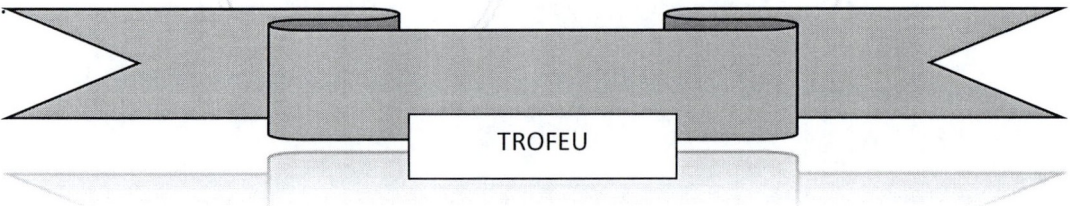

TROFEU

ELS COMPONENTS DE L'EQUIP QUE MÉS PUNTS ACUMULE AL FINAL DEL JOC, OBTINDRAN COM A TROFEU

_____ **(a criteri del docent)**

Normes de les HormOlimpíades

- EL JOC DURARÀ 1 HORA
- L'EQUIP QUE MÉS PUNTS TINGA AL FINALITZAR EL JOC SERÀ EL VENCEDOR.
- EN CAS D'EMPAT, ES DESEMPATARÀ MITJANÇANT UN DUEL ENTRE ELS DOS EQUIPS GUANYADORS A 7 PREGUNTES.
- Cada grup iniciarà el joc amb 50 punts.
- La primera pregunta del joc la llançarà un equip a un altre, per sorteig.
- Si l'equip preguntat respon correctament guanya 2 punts i tria a quin equip llança la següent pregunta.
- Si l'equip preguntat falla en la resposta perd 2 punts i, durant un torn, no pot ni preguntar ni ser preguntat. En aquest cas, l'equip que va llançar la pregunta que ha sigut fallada gana els 2 punts i té la potestat de triar un altre equip al qual llançar una altra pregunta.

Pràctica 14. Persegueix l'hormona

Ubicació en el temari. Se recomana la realització d'aquesta activitat en els últims temes del temari, donat el seu caràcter integrador d'informació.

Objectiu. Lograr que l'alumnat integre processos regulats per una mateixa hormona, relacionant processos i conductes vistes al llarg de diferents temes. Així mateix, pretén que l'estudiant conceba que la relació hormona-conducta no és unívoca, sinó que una mateixa hormona pot estar relacionada amb diversos processos.

Activitat. Agafa els teus apunts i la resta de materials de l'assignatura i cerca una hormona al llarg dels temes. Observaràs que una mateixa hormona apareix en temes diferents associada a processos o conductes diferents. D'acord amb aquestes dades, emplena la taula, afegint les files que et facen falta. Després, ordena-la per hormones i veuràs tots els processos que regula una mateixa substància. Aquesta taula t'ajudarà a estudiar l'assignatura.

Hormona	Tema	Conducta o procés implicat

Pràctica 15. Hormones en els mitjans de comunicació

Ubicació en el temari. Per l'heterogeneïtat en els continguts, la pràctica pot situar-se al final del temari o distribuïda en els diferents temes depenent del contingut de cada notícia.

Objectiu. Aconseguir que l'estudiant comprenga l'impacte que la investigació sobre hormones té en la societat a través dels mitjans de comunicació. Així mateix, incentivar la iniciativa de contrastar les notícies amb les fonts originals per a diferenciar entre el missatge periodístic i el científic.

Activitat. A continuació, trobaràs una sèrie de notícies que han sigut publicades en premsa digital. En algunes d'elles es proporciona la informació per a accedir a la font original de la qual parteix la notícia i en unes altres no és possible, per la qual cosa es recomana que cerques fonts fiables per a respondre a les preguntes. De cadascuna de les notícies, has d'emplenar el següent qüestionari:

1. Reflecteix la notícia de manera fiable la informació científica sobre el tema?

2. En cas afirmatiu, destaca els principals resultats. Quins són aquests resultats?

3. En cas negatiu, hi ha evidència científica que corrobore la notícia? Especifica cuál i, si hi haguera evidència que la contradiu, pots resumir-la i citar-la.

4. Què afegiries o eliminaries de la notícia?

Notícia 1: "La menstruació no afecta a la capacitat intel·lectual de les dones", de Javier Salas. Notícia publicada en El País el 4 de Juliol de 2017. Disponible en el següent enllaç: https://elpais.com/elpais/2017/07/03/ciencia/1499106472_885557.html

Aquesta notícia procedeix dels resultats del següent article, al qual pots accedir en l'enllaç:

Leeners, B., Kruger, T.H.C., Geraedts, K., Tronci, E., Mancini, T., Ille, F., et al. (2017). Lack of Associations between Female Hormone Levels and Visuospatial Working Memory, Divided Attention and Cognitive Bias across Two Consecutive Menstrual Cycles. *Front. Behav. Neurosci.,* https://doi.org/10.3389/fnbeh.2017.00120.

Enlace: https://www.frontiersin.org/articles/10.3389/fnbeh.2017.00120/full

Notícia 2: "Evo Morales diu que l'homosexualitat és producte dels aliments transgènics". Europa Press, publicat en El Mundo el 21/04/2010, disponible en l'enllaç: http://www.elmundo.es/america/2010/04/21/noticias/1271833317.html

Notícia 3: "Soc un embull d'hormones": la dona que va triar tenir la menopausa als 22 anys". BBC News Món, publicada el 15/06/2018, disponible en l'enllaç: https://www.bbc.com/mundo/noticias-44498008

Notícia 4: "Un estudi apunta a les hormones sexuals com les causants de més migranyes en dones". Rtve.es/efe, publicat el 14/08/2018, disponible en http://www.rtve.es/noticias/20180814/estudio-apunta-hormonas-sexuales-como-causantes-mas-migranas-mujeres/1779021.shtml

Aquesta notícia procedeix dels resultats del següent article, al qual pots accedir en l'enllaç:

Arter-Morals, M., González-Rodríguez, S., Ferrer-Montiel, A. (2018). TRP Channels as Potential Targets for Sex-Related Differences in Migraine Pain. Front. Mol. Biosci., 14 August 2018 | https://doi.org/10.3389/fmolb.2018.00073

Enllaç: https://www.frontiersin.org/articles/10.3389/fmolb.2018.00073/full

Notícia 5: "La contaminació invisible que altera les hormones". Publicat en Notícies de la Ciència i la Tecnologia (Salut) el 16/06/2016, disponible en:

https://noticiasdelaciencia.com/art/19990/la-contaminacion-invisible-que-altera-las-hormonas

Enllaços web d'interès

En aquest apartat pots trobar enllaços de laboratoris, societats i institucions relacionades amb continguts de cada tema.

Tema 1. Introducció a la Psicoendocrinología

https://sbn.org/home.aspx

En la pàgina web de la Societat per a la Neuroendocriologia Conductual (Society for Behavioral Neuroendocrinology) pots accedir a bibliografia especialitzada i a la seua publicació, la revista Hormones and Behavior.

https://www.sciencedirect.com/journal/hormones-and-behavior

És l'enllaç a la revista Hormones and Behavior, publicació periòdica amb articles d'investigació, als quals pots accedir a través de la xarxa VPN de la Universitat. També té articles en obert.

http://www.ispne.net/

En la pàgina web de la Societat Internacional de Psiconeuroendocrinología (International Society of Psychoneuroendocrinology) pots accedir als esdeveniments científics organitzats des d'aquesta institució, així com a la seua publicació, la revista Psychoneuroendocrinology.

https://www.sciencedirect.com/journal/psychoneuroendocrinology

És l'enllaç a la revista Psychoneuroendocrinology, publicació periòdica amb articles d'investigació, als quals pots accedir a través de la xarxa VPN de la Universitat. També té articles en obert.

http://crdd.osdd.net/raghava/hmrbase/

És una base de dades d'hormones i receptors en la qual es pot trobar la seua composició química, efectes, etc.

Tema 2. Hormones, homeòstasis i metabolisme.

http://www2.niddk.nih.gov

National Institute of Diabetis and Digestive and Kidney Diseases. Compta amb diferents recursos clínics i d'investigació i informació per a la salut en espanyol.

https://www.niehs.nih.gov/health/topics/agents/endocrine/index.cfm

Pàgina web del National Institute of Environmental Health Sciences dels Estats Units en la qual s'ofereixen llistes de disruptors, consensos internacionals sobre aquest tema i diferents recursos d'investigació sobre els diferents disruptors endocrins del nostre entorn i els seus efectes.

Tema 3. Hormones, desenvolupament i cicle vital

http://www.aeu.es/otrasguiasaeu.aspx

És l'enllaç de la Societat Espanyola d'Urologia en la qual es troben vídeos i guies sobre diferents recursos en salut masculina i sobre hàbits saludables en conducta sexual.

http://sash.net

És l'enllaç a The Society for the Advancement of Sexual Health, fundada en 1987, en la qual es poden trobar notícies d'esdeveniments científics, així com comentaris interessants de diferents especialistes en el tema.

http://www.sefertilidad.net/

És la pàgina web de la Societat Espanyola de Fertilitat. En ella pots trobar recursos de formació. L'apartat de Biblioteca és especialment interessant perquè es poden trobar models de consentiments informats dels pacients, guies de pràctica clínica, llibres, vídeos, legislació i accés gratuït, sota registre, a revistes científiques i aplicacions mèdiques.

Tema 4. Hormones i conducta social

http://www.emory.edu/living_links/

Website of the Living Links Center for the Advanced Study of Ape and Human Evolution. És una pàgina web en la qual apareix investigació i llibres sobre aspectes genètics, cognitius, i conductuals en primats humans i no humans des d'un punt de vista evolutiu.

Tema 5. Estrès i adaptació

http://www.uclastresslab.org/

Web del Laboratory for Stress Assessment and Research, l'objectiu del qual és l'avanç en la investigació científica de l'estrès i la salut per a ajudar a prevenir alteracions i millorar el benestar des d'una perspectiva multidisciplinàriaia que integra mètodes

des de la Psicologia, la Neurociència, la Immunologia, la Biologia molecular, la Genètica i la Genòmica. Compta amb notícies, accés de les publicacions i altres recursos en aquest camp.

TEMA 6. Hormones i estat d'ànim

https://socialaffectiveneuro.org

Enllaç a la web de la Social and Affective Neuroscience Society, en el qual es poden trobar enllaços a recursos d'investigació i publicacions.

https://emotional-apps.com/

Enllaç a un grup d'investigació dependent de la Universitat Jaume I de Castelló en la qual es troben aplicacions per a mòbils destinades a l'avaluació de la intel·ligència emocional, entrenament en expressions facials d'emocions, etc.

http://www.paulekman.com

Web personal del Dr. Paul Ekman en la qual es troben recursos per a l'entrenament en l'observació d'expressions i microexpressions facials d'emocions

TEMA 7. Hormones, memòria i aprenentatge

http://www.fundacionreinasofia.es/es/nuestros_proyectos/sanitario/paginas/default. aspx

Enllaç a web de la Fundació Reina Sofia destinada a l'ajuda, entre altres projectes col·laboratius a nivell nacional i internacional, a la investigació sobre malalties neurodegeneratives. Es poden descarregar de manera gratuïta guies d'ajuda en la vida quotidiana per a pacients, familiars i professionals.

Lectures suggerides

En aquest apartat trobaràs suggeriments de lectures, generalment de caràcter divulgatiu, sobre cadascuna de les temàtiques de l'assignatura.

Tema 1. Introducció a la Psicoendocrinología

García-Sáinz, J.A. (2008). *Hormonas: mensajeros químicos y comunicación celular*. 3a edició. Mèxic: FCE, SEP, Conacyt. Arreplega alguns dels aspectes més interessants del mecanisme d'acció de les hormones per a un públic no especialitzat.

Aranda, A. (2015). *Las hormonas*. Col·lecció ¿Qué sabemos de...?. Madrid: CSIC i Cataracta. Analiza les principals fites de la història de l'endocrinologia, explica les principals glàndules endocrines i les seues hormones, els mecanismes de síntesis, alliberament i secreció, el seu mecanisme d'acció, les seues funcions i les malalties endocrines més importants.

Fernández Guardiola, A. (2003). *Las neurociencias en el exilio español en México*. Mèxic: FCE, SEP, Conacyt, Universitat Internacional d'Andalusia. Presenta notes biogràfiques dels metges espanyols Dionís Nieto, José Puche, Isaac Costero, Rafael Méndez i Ramón Álvarez-Buylla, destacant la importància del seu exili per al desenvolupament de les Neurociències a Mèxic.

Levi-Montalcini, R. (2011). *Elogio de la imperfección*. Barcelona: Tusquets Editores S.A. Autobiografia de l'autora –dona, i científica, i d'origen jueu que recorre el segle XX i part del XXI, amb un balanç de la trajectòria professional i vital.

Abdala, N. (2017). *Mi cerebro, mis hormonas y yo*. Buenos Aires: Planeta. Aborda la interrelació neuroendocrina en l'explicació de les emocions i les patologies.

González, J. (2012). *Breve historia del cerebro*. Barcelona: Grupo Planeta. Aquest llibre presenta l'evolució de les idees, des de les primeres suposicions sobre si era en el cor o en el cervell on s'originen les funcions mentals, fins als avanços més recents. Arreplega també la contribució de Ramón y Cajal, les tècniques avançades d'exploració cerebral i el problema de la consciència.

Gruart, A., Delgado, J.M., Escobar, C., Aguilar, R. (2002). *Los relojes que gobiernan la vida*. Mèxic: FCE, SEP, Conacyt. Arreplega exemples de cronobiología amb un estil amè.

Ackerman, J. (2010). *Un dia en la vida del cuerpor humano: Comer, beber, amar, soñar*. Madrid: Ariel. Aquest llibre mostra com funciona el cos humà al llarg d'un dia qualsevol, des del despertar matutí dels sentits fins al duermevela previ al somni.

Levi-Montalcini, R. (2014). *Atrévete a saber*. Barcelona: Grupo Planeta. Aquest llibre va ser publicat quan l'autora ja havia complit noranta-cinc anys, i se centra en el funcionament cerebral.

Benítez-King, G. (2008). *Melatonina: un destello de vida en la oscuridad*. Mèxic: FCE, SEP, Conacyt. Exposa descobriments científics sobre la melatonina i les seues funcions a partir de mites, contes i històries fantàstiques.

Tema 2. Hormones, homeòstasis i metabolisme

Cudeiro, F.J. (2012). *Paladear con el cerebro*. Madrid: CSIC i Cataracta. Aquest llibre explica com el cervell entén els missatges que els moderns cuiners envien als cervells dels seus comensals.

Braun, E. (2003). *El saber y los sentidos*. Mèxic: FCE, SEP, Conacyt. Aborda els mecanismes dels cinc sentits, però també de la percepció de l'equilibri i sensacions com la fam, la set i l'atracció sexual.

Peña, A. (2001). *Qué es el metabolismo*. Mèxic: FCE, SEP, Conacyt. Revisa conceptes del metabolisme tant d'un bacteri com d'una cèl·lula o un organisme.

Tema 3. Hormones, desenvolupament i cicle vital

Perry, B. i Szalavitz, M. (2016). *El chico a quien criaron como perro*. Madrid: Capitan Swing. Diari en el qual els psiquiatres infantils descriuen el seu acompanyament a desenes de xiquets, víctimes de traumes durant anys.

Gerhardt, S. (2016). *El amor maternal. La influencia del afecto en el cerebro y las emociones del bebé*. Sitges: Editorial Eleftheria S.L. La criança amorosa modela les connexions cerebrals del bebè predisposant-li a un futur desenvolupament amb empatia, autocontrol i connexió amb els altres.

Daly, M. i Wilson, M. (1998). *La verdad sobre Cenicienta*. Barcelona: Grupo Planeta. Revisa explicacions sobre la criança i el maltractament infantil des d'una perspectiva evolucionista.

Delibes, M. i Gómez, A. (2017). *Pequeño mamífero: El cachorro humano y otros lactantes*. Barcelona: Grupo Planeta. Aborda com l'entorn social ha intervingut en l'embaràs, la manera d'alimentar al bebè, descriu fòrums prolactància i procriança natural, però també altres probiberó i procriança conductista.

Medina, J.J. (2003). *El reloj de la edad*. Barcelona: Grupo Planeta. Revisa per què i com envellim. També explica com es produeix l'envelliment de la pell, el cabell, els ossos, els músculs, el cervell, el cor o els pulmons i examina com afecta a la digestió, als nostres sentits o al nostre sistema reproductor.

Liaño, H. (2000). *Cerebro de hombre, cerebro de mujer*. Madrid: Ed. Suma de lletres. En aquest llibre es detallen les conclusions de diversos experiments sobre conducta en el context del laboratori, tant en animals com en éssers humans, posant l'accent principalment en la conducta sexual i en les diferències entre les bases neurals d'homes i dones.

Brizendine, L. (2010). *El cerebro femenino*. Barcelona: RBA. Controvertida ressenya dels fonaments biològics de la conducta humana.

Brizendine, L. (2010). *El cerebro masculino*. Barcelona: RBA. L'autora aborda, no lluny de polèmica, alguns aspectes del cervell femení i el seu punt de vista sobre el funcionament del cervell masculí.

Blanck-Cereijido, F. i Cereijido. M. (2009). *La muerte y sus ventajas*. Mèxic: FCE, SEP, Conacyt. Revisa la mort cel·lular programada.

Baron-Cohen, S. (2005). *La gran diferencia. Cómo son realmente los cerebros de hombres y mujeres*. Barcelona: Amat. Inclou instruments d'avaluació. Existeix un error d'edició en la traducció espanyola que pot esmenar-se recorrent a una font original: http://www.autismresearchcentre.com

Orlandini, A. (2009). *El enamoramiento y el mal de amores*. Mèxic: FCE, SEP, Conacyt. Tracta diferents manifestacions de l'enamorament, incloent-hi un "glossari de l'amor", ordenat alfabèticament i que va de "assetjament sexual" a "vídua negra".

Barash, D. i Lipton, J.E. (2003). *El mito de la monogamia. La fidelidad y la infidelidad en los animales y en las personas*. Madrid: Segle Vint-i-un d'Espanya Editors. Recopila i descriu els resultats de de experiments i observacions sobre la la elecció de parella amb explicacions biològiques i culturals.

Fisher, H. (2006). *Por qué amamos*. Buenos Aires: Punt de lectura. Se subtitula Naturaleza y química del amor romántico, en el qual es descriu el disseny, desenvolupament i conclusions d'un experiment en aquesta temàtica.

Tema 4. Hormones i conducta social

Morgado. I. (2014). *Emociones e inteligencia social: Las claves para una alianza entre los sentimientos y la razón*. Barcelona: Grupo Planeta. Descriu el cervell emocional i com els sentiments afecten les percepcions, la memòria, la comunicació, la presa de decisions, la planificació del futur, la creativitat o al sistema de valors i la moral de les persones.

Ghiglieri, M.P. (1999). *El lado oscuro del hombre. Los orígenes de la violencia masculina.* Barcelona: Metatemas. Revisa les proves disponibles sobre les bases neurals de la violència, espcialmente en el cervell masculí.

Pfaff, D.W. (2007). *The Neuroscience of the joc net: why we (usually) follow the Golden rule.* Washington: The Dana Foundation. Les Neurociències ajuden a explicar l'altruisme en aquest llibre.

Pfaff, D.W. (2015). *The altruistic brain: how we llaure naturally good.* Nova York: Oxford University Press. En aquest llibre s'aborda tant la conducta altruista com la moralitat des de l'àmbit de les Neurociències.

Tema 5. Estrès i adaptació

Campillo, J.E. (2012). *El mono estresado.* Barcelona: Editorial Crítica. Col·lecció Drakontos. En aquest llibre s'explica de manera divulgativa, en què consisteix la resposta d'estrès i quins efectes pot tenir sobre la salut. A més, també proposa estratègies per a poder prevenir o lliguenuar els seus efectes.

Orlandini, A. (2009). *El estrés: qué es y cómo evitarlo.* Mèxic: FCE, SEP, Conacyt. El llibre analitza l'estrès des de diversos angles: els aspectes biològics, psicològics i sociològics; les malalties i la descripció d'alguns exemples d'estrès: sexual, sentimental, acadèmic i laboral, etc.

Sapolsky, R. (1998). *¿Por qué las cebras no tienen úlcera?* Madrid: Alianza Editorial. Aquest llibre, escrit per un dels investigadors més prestigiosos en el camp de l'estrès, il·lustra el costat adaptatiu de l'estrès i com pot convertir-se en una arma de doble tall amb efectes perjudicials sobre la salut.

Tema 6. Hormones i estat d'ànim

Punset, E. (2012). *Viaje a las emociones.* Barcelona: Grupo Planeta. Revisa el paper de les emocions, l'estrès, els fluxos hormonals, l'envelliment, els factors socials, econòmics, culturals, religiosos... en la cerca de la felicitat.

Vinyamata, E., Horta, A., Marí, R. i Pérez, A. (2015). *Neurociencia afectiva.* Barcelona: Editorial UOC. S'aproxima a les bases neurocientífiques que donen lloc als conflictes, emocions, sensacions i maneres d'actuar de l'ésser humà en el seu entorn social.

Passants, H. (2008). *De neuronas, emociones y motivaciones.* Mèxic: FCE, SEP, Conacyt. Revisa el vincle cervell-emoció, tal com els avanços científics els van descobrint dia a dia.

Pérez-Rincón, H. (2003). *El teatro de las histéricas.* De com Charcot va descobrir, entre altres coses, que també hi havia histèrics. Mèxic: FCE, SEP, Conacyt. Exposa a través de la vida de Jean Martin Charcot el naixement de la neurologia i la psicoanàlisi, i l'evolució de la psicologia mèdica des d'una perspectiva psiquiàtrica.

Tema 7. Hormones, memòria i aprenentatge

Ignacio Morgado, I. (2014). *Aprender, recordar y olvidar: Claves cerebrales de la memoria y la educación.* Barcelona: Grupo Planeta. Explica els mecanismes cerebrals associats a processos d'aprenentatge i memòria.

Àvila, J. (2016). *La demencia.* Col·lecció ¿Qué sabemos de…? Madrid: CSIC i Cataracta. Revisa els coneixements disponibles sobre la demència.

Martínez, A. (2009). *El Alzheimer.* Col·lecció ¿Qué sabemos de…? Madrid: CSIC i Cataracta. Aquest llibre respon a interrogants sobre la malaltia d'Alzheimer i quins són els principals esforços científics que s'estan duent a terme.